저는
삼풍
생존자
입니다

1995
06/29
17:52

저는
삼풍
생존자
입니다

비극적인 참사에서
살아남은 자의
사회적 기록

산만언니 지음

푸른숲

그러니 당신도 살아 있으라

글쓰기에 앞서 이 말은 꼭 하고 싶다. 2018년 4월, 나는 딴지일보 자유게시판에 〈세월호가 지겹다는 당신에게 삼풍 생존자가 말한다〉라는 글을 썼고, 세상에 알려졌다. 당시 세월호가 지겹다는 사람들에 대해 말할 수 있었던 것은, 내가 그 일에 대해 말할 수 있는 입장이었기 때문이지, 그런 말을 할 자격이 있어서가 아니다. 나는 "상황이 사람을 만든다"라는 말에 전적으로 동의한다. 나 역시 먼 훗날 지금보다 상황이 나빠지면 무슨 일을 하고 살지 모르기 때문이다. 어쩌면 돈이 된다는 이유만으로 사이비 종교단체에 가입할지도 모르고, 가스통을 메고 광화문 보수단체 집회에 나갈지도 모른다. 내

일 일은 아무도 모른다. 장담할 수 없다.

그런데 딴지일보로부터 내가 겪은 일들을 연재해보자는 제안을 받았다. 처음에는 조금 부담스러웠다. 내 주제에 무슨 글이란 말인가. 대체 무슨 말을 한단 말인가. 한데 곰곰이 생각해보니 다른 것은 모르겠지만 어쩐지 불행에 대해서는 말할 수 있을 것 같았다. 또 그런 이야기들이 지금 이 순간 불행의 늪에 빠져 간신히 코만 내놓고 있는 사람들에게 위로가 될 수 있을 것 같다는 생각이 들었다. 그래서 뭐가 되었든, 쓰기로 결심했다.

나도 안다. 잘 안다. 타인의 불행과 내 불행은 철저히 별개라는 것을. 하지만 또 가끔은 알 수 없는 이유로 타인의 고통이 위로가 될 수 있다는 것도.

1995년에 나는 스무 살 나이로 감당할 수 없는 일들을 연이어 겪었다. 어느 집에나 누구에게나 흥망성쇠의 역사가 있겠지만 우리 집은 유독 부침이 심했다. 그 과정에서 불행하게 사람이 죽었는데, 그게 바로 내 아빠였다. 또 같은 해 6월, 나는 삼풍백화점에서 아르바이트하다가 사고를 당했고 그 과정에서 피투성이가 되었지만 어찌어찌 살아나왔다. 하지만 너무나 슬프게도 그 일은 끝이 아니라 시작이었다. 덕분에 오랜 세월 파란을 겪었다.

이런 일들을 전부 합쳐 '불행'이라는 말로 간단하게 규정하는 것조차 싫었다. 해서 누군가 내게 "널 이해해"라고 하면 겉으로는 고마운 얼굴을 했지만 속으로는 되게 같잖아 했다. '아니, 무슨 수로 내 마음을 알아? 뭘 어떻게 알아?' 그래서 꽤 오래도록 그 일에 대해 아무에게도 말하지 않았다. 말하지 않으면 세상이 모르고, 세상이 모르면 없던 일이 될 줄 알았기 때문이다. 대단히 큰 착각이었다.

당연한 이야기이지만, 그러는 사이 몹시 아팠다. 밖에서는 멀쩡히 웃고 떠들고 잘 지내고 돌아와서 가만히 손목을 긋기도 했고, 일하다가 말고 갑자기 집으로 달려가 수면제를 한 움큼 집어삼키고 가만히 누워 있기도 했다.

그 후로 오랜 시간 치료를 받았고 이제 더는 나를 해치지 않는다. 아니, 오히려 요즘은 대낮의 커피숍에 앉아 처음 본 사람들이 물어와도 웃으며 말해줄 수 있다. 세상에 그런 일들이 다 있었다고, 그런 일들을 겪어왔다고. 덕분에 매일 밤 부표 하나 떠 있지 않은 망망대해를 떠도는 기분으로 살았다고. 하지만 때로는 좋은 사람들이 둘러앉은 따뜻한 저녁식사 자리에 초대받기도 했다고. 그러니 당신도 살아 있으라고. 살아 있으면 다 살아진다고. 괜찮다고. 다른 게 기적이 아니라 이 험한 세상에 우리가 그저 살아 있다는 자체가 기적이라고.

앞으로 이런 식의 이야기를 할 생각이다. 지난날 상처를 통해 내가 무엇을 보고 또 느꼈는지. 특히 삼풍 사고가 내 생의 지축을 어떻게 뒤바꾸었는지에 대해서 말이다.

2021년 6월
산만언니

차례

제1장

생존의
기억

아마 같은 상황을 다시 겪는다고 해도

나는 만 원짜리 한 장 집어 나오지 못할 것이고,

나 역시 설령 내 차를 폐차하게 되더라도

피투성이가 된 채 살려달라고 애원하는 어린 여자애들의 손을

차마 뿌리치지는 못할 것이다.

그리고 장담하는데, 이 글을 읽는 당신들도 그럴 것이다.

1995년 6월 29일 오후 5시 57분

1995년, 공식적으로 나는 재수를 하고 있었지만 비공식적으로는 일상에서 조금씩 일탈하고 있었다. 그 무렵, 태어나 처음으로 토할 때까지 술도 마시고 담배도 배웠다. 그도 그럴 것이, 당시 방황해야 할 이유가 차고 넘쳤고, 내가 아는 일탈이란 술 담배가 전부였기 때문이다. 게다가 친한 친구들은 그해 모두 대학생이 되었는데 홀로 재수학원에 앉아 있자니, 같은 반 아이들은 운동장에 나가 뛰어노는데 나 혼자 벌받느라 교실에 남은 기분이었다. 해서 자주 학원을 빼먹고 대학생 친구들과 어울렸다.

그러던 어느 날, 함께 재수학원에 다니던 친구가 여름에 잠깐 백화점에서 아르바이트를 하는 게 어떠냐고 물어왔다. 서초동 법원 앞에 있는 백화점에서 아르바이트생을 구하는데, 일당 3만 원을 준다고 했다. 어차피 공부를 열심히 하는 것도 아니었기에 우리는 6월 딱 한 달만 학원을 제대로 쉬고, 그 시간에 바짝 돈을 벌어 경포대에 다녀온 후, 7월부터 본격적으로 공부에 매진하자고 다짐하고 아르바이트를 했다.

이런 연유로 사고가 나던 날인 1995년 6월 29일 오후 5시 57분, 삼풍백화점 지하 1층에서 친구와 아르바이트를 하고 있었다. 친구나 나나 단기로 채용된 터라, 숙련도가 요구되는 일은 할 수 없는 처지였다. 덕분에 우리는 유니폼을 차려입고 지하 슈퍼마켓 앞에 있는 물품보관대에서 고객들이 편하게 쇼핑할 수 있게 짐을 맡아주는 일을 했다. 별것 없었다.

'사고 당일'이라 하면 가장 먼저 그날 백화점의 무더위가 떠오른다. 온종일 에어컨이 나오지 않아 백화점 안은 찜통처럼 더웠다. 또 당일 오전에 5층인지 6층인지 식당가로 이어지는 에스컬레이터가 아예 어긋나버렸다는 이야기도 들었다. 이 이야기는 그사이 친해진 동갑내기 엘리베이터 안내원이 "에스컬레이터 일은 특급 비밀이니 절대로 남들에게 이야기하지 말라"며 알려주었다. 그리고 그날 나는 정말 아무한테도 말하지 않았다. 그와의 약속을 신실하게 지키고자 했던 것은 아니고, 생각보다 시답지 않은 뉴스라고 생각했기 때문이다. 나 역시 그때만 해도 '건물 한쪽에 문제가 생긴 게 얼마나 큰 문제일까. 고치면 되겠지' 하고 넘겼다. 설마 그 큰 건물이 한순간에 그렇게 폭삭 주저앉으리라고는 상상조차 하지 못했다.

날도 더운데 에어컨도 작동되지 않으니 백화점에는 다른 날보다 손님이 별로 없었다. 덕분에 나는 시시때때로 물품보관소를 빠져나와 가전제품 코너에 가서, 선풍기를 쏘이는 직원 분들과 실없는 농담을 주고받으며 그 결에 선풍기 바람을 쏘였다. 함께 아르바이트했던 친구는 평소에도 내가 이러는 모습을 아주 질색하는 스타일이라, 그때마다 번번이 나를 불러 도로 물품보관소에 데려다놓았다. 나중에 알았는데, 당시 나와 함께 선풍기를 쐬던 사람들은 전부 사망자 명단에 이름을 올렸다.

사고가 나기 바로 직전, 식품 코너 쪽에서 누가 우리를 부르는 바람에 친구와 나는 함께 그쪽으로 걸어갔다. 그때 갑자기 등 뒤로 엄청난 폭발음이 들려왔고, 동시에 바람이 무척 세게 불었다. 영문을 모르는 나는 최대한 몸을 웅크리고 주저앉아 날아가지 않으려 애썼다. 당시에 누가 우리를 왜 불렀는지 기억조차 나지 않지만, 그 덕분에 친구와 나는 불과 몇 초 사이에 이승과 저승을 오갔다.

나중에 확인해보니 우리가 원래 있던 물품보관소 자리는 천장과 바닥이 아주 붙어버렸다. 물품보관소 바로 옆 햄버거 가게 웬디스의 커다란 영업용 냉장고는 건물 더미에 깔려 15센티미터만 하게 줄어들었다고 한다. 만약 그때 그 자리에 계속 있었다면 우리는 아마 뼈도 못 추렸을 것이다.

병원에서 텔레비전 뉴스를 보다가, 건물이 무너질 때 왜 그렇게 바람이 불었는지 알게 되었다. 당시 건물 상판이 위층부터 한 층 한 층 차례로 주저앉았는데, 그 압력으로 내부의 공기가 엄청나게 회전했기 때문이었다. 쉽게 말해 욕조에 받은 물에 갑자기 손을 집어넣으면 그 중심으로 물이 회오리치는 것과 같은 원리로 바람이 불었다고 보면 된다. 그러니 내가 있던 지하 1층 상황은 어떠했을까. 그 바람으로 사람이 빨려 들어가고 튕겨져 나오고 했다. 참고로 사고 이후 한동안 나는 지하철을 타지 못했다. 승강장 안으로 지하철이 들어올 때 불어오는 바람에 나도 모르게 등골이 서늘해져서.

바람이 멎자 주변은 암흑으로 변했고 그사이로 고막을 찢을 듯한 비명이 여기저기서 들려왔다. 그제야 나는 건물이 폭삭 무너져버린 것을 알았다. 친구와 나는 어둠 속에서 서로의 이름을 불렀다. 다행히 먼 데 있지 않아 금방 찾을 수 있었다.

우리는 서로의 얼굴을 보자마자 동시에 비명을 질렀다. 둘 다 피투성이였기 때문이다. 그나마 몇 미터 앞서 걷느라 나보다 적게 다친 친구는 찢어진 이마에서 흘러나온 피가 턱까지 닿았고, 몇 걸음 뒤에서 걷던 나는 등쪽, 그러니까 뒤통수에서 발꿈치까지 무너진 건물의 파편에 얻어맞아 온몸이 피투성이였다. 하지만 당시에는 너무 놀라서 우리 둘 다 아픈 줄도 몰랐다.

서로의 손을 잡은 우리는 얼결에 사람들이 몰려가는 쪽으로 따라갔다. 좁은 출구로 몰려든 사람들이 서로 먼저 나가려고 아우성이었다. 지옥이 따로 없었다. 친구나 나나 그때는 어려서 사람들이 밀면 밀리고 가라면 가고 했다. 덕분에 우리는 출구를 코앞에 두고도 드센 어른들에게 한참을 치이다가 간신히 빠져나올 수 있었다.

이날의 기억은 훗날 세월호에 타고 있던 아이들이 어째서 먼저 살겠다고 악다구니하며 그 배를 탈출하지 않았는지 이해하는 데 어느 정도 도움이 되었다. 당시에 나 역시 세월호 아이들과 비슷한 또래였는데, 그때 내 눈에도 사고 직후 먼저 나가겠다고 서로 드잡이하는 어른들의 행동이 무언가 잘못된 것처럼 느껴졌기 때문이다. 세월호 아이들도 이때 나

같은 마음이 아니었을까 짐작한다. 이맘때 아이들은 오랜 세월 공교육을 통해 '무슨 일이 생기면 절대 섣부르게 개인 행동하지 말고, 주변 어른들의 통제에 따르고, 질서를 지키는 게 무엇보다 중요하다'고 귀에 못이 박이도록 교육받으니까.

그렇게 겨우겨우 지상으로 올라서자 먼지로 가득 찬 꽉 막힌 도로변 보도블록 위에서 부상자를 실어 나르는 미니버스 한 대가 보였다. 친구와 나도 사람들을 따라 그 차에 탔다. 얼결에 버스에 올라 정신을 차려보니 내 앞자리 아저씨 머리에 난 상처가 너무 심한 게 눈에 들어왔다. 그 모습을 본 나는 별생각 없이 찢어진 허벅지를 지혈하고 있던 손수건을 그분에게 건네었다. 지금 생각해보면 별것 아닌 일처럼 보이지만, 당시 상황에서는 꽤 어려운 결정이었다. 주변에 회색빛 먼지 말고는 아무것도 없는 상황인데 벌어진 허벅지 상처에서 피가 퐁퐁 솟아나는 장면을 보고 있으면 어디 가서 돌멩이라도 주워오고 싶은 심정이 되기 때문이다. 게다가 당시 내 분홍색 유니폼은 합성섬유였다. 찢어서 붕대로 쓰고 싶었지만, 물고 뜯고 별짓을 다 해도 찢어지지 않았다.

특별히 기억나는 장면이 하나 더 있다. 병원으로 가는 버스 안에서 갑자기 어떤 여자 분이 유니폼을 입고 있는 나를 보고는 머리를 흔들고 울면서 덤벼들더니, 자기가 1층에 있다가 바람 때문에 잡고 있던 아이 손을 놓쳤는데 어쩌면 좋으냐며 아이가 괜찮을지 물어왔다. 평소 같으면 아마 100퍼센트 확률로 "저도 몰라요. 저한테 왜 그러세요" 했을 텐데 그날은 무언가에 씌워도 단단히 씌웠는지 그분 손을 꼭 붙잡고, "저는 지하 1층에서 이렇게 걸어 나왔어요. 그러니까 괜찮을 거예요. 걱정하지 마세요. 아이 꼭 찾으실 거예요"라고 했다. 그러자 그가 조금은 안심하는 눈치였다. 사실 속으로는 '어른도 버티기 힘든 데서 세 살짜리 꼬마가 과연 괜찮을까' 싶었지만, 그의 간절한 눈을 들여다보며 차마 그 말은 하지 못했다.

꽉 막힌 도로를 이리저리 돌아 겨우겨우 도착한 강남성모병원은 정말 전쟁터가 따로 없었다. 이미 응급실은 말할 것도 없고, 응급실 앞 복도 맨바닥까지 피투성이인 사람들이 누워 있었다. 보아하니 아직 걸을 수 있는 정도인 내 차례는 과다출혈로 죽은 다음에나 올 것 같았다. 해서 나는 친구를 데리고 무작정 병원 외래동으로 가, 지나가는 아주머니 한 분을 붙잡고 '저희 좀 가까운 병원에 데려다달라'고 애원했다. 그러자 그 아주머니는 선뜻 알겠다 하더니 자기 차에 우리를 태웠다. 차는 아주 작았고 새 차였다. 아주머니는 초보운전이었는지 10시 10분 방향으로 핸들에 두 손을 가지런히

올리고는, 눈에 띄게 손을 덜덜 떨면서 백미러로 내 상태를 계속 확인했다.

"학생, 괜찮아요? 정신 잃지 말아요. 병원에 곧 가요."

그분이 내게 보여준 친절과 용기가 어떤 것이었는지 그때는 잘 몰랐다. 큰마음을 먹고 새로 뽑은 차의 시트에 생면부지 타인의 피로 범벅이 되었을 텐데, 그분은 1초도 망설이지 않고 기꺼이 우리를 태워주셨다. 지금 생각해도 정말 놀랍다.

다행히 그분의 도움을 받아 우리는 역삼동의 한 작은 병원에 갔고, 곧바로 수술실로 옮겨져 치료를 받았다. 놀랍게도 그 시간에 퇴근했던 성형외과 전문의들이 전부 다시 병원으로 돌아와 내 수술을 집도했다. 강남성모병원에서는 의사들이 급한 나머지 나 같은 환자를 보면 상처에다 응급용 호치키스를 쾅쾅 찍고 다녔는데, 그 병원에서는 의사 둘에 간호사 여럿이 붙어 꽤 오랜 시간 동안 최대한 정성스럽게 내 상처들을 봉합해주었다.

수술을 마치고 입원실로 올라오니 눈 깜짝할 사이에 생과 사를 넘나들었다는 사실도 신기했지만 무엇보다 어째서 나는 성모병원의 응급실 간이침대가 아닌 강남 한복판의 이 호사스러운 병원에서 초특급 치료를 받는지 의문이 들었다. 물론 간단하게 생각하면 '운이 좋았다'고 볼 수 있다. 하지만 나는 아무리 생각해도 그날 하루 선물을 받는 것만 같은 기분이 들었다. 이를 테면 사고 후 버스 안에서 손수건을 건넨 일들에 대한 보상을 받은 기분이라고나 할까. 하여 그날 밤 병원에 누워 미약하게 '이 우주는 선한 행동을 하는 사람을 좋아하는 것이 아닐까' 하는 생각을 처음으로 했다.

그 후 병문안을 오는 친구들에게 농담처럼, 내가 조금만 더 현명했더라면 사고 직후 이렇게 빈손으로 나오지 않았을 거라고, 사고 당시 근처에 널려 있던 돈 통이라도 하나 들고 나왔을 거라고 하고, 또 나를 병원에 데려다준 그분을 언급하며 아마 나 같은 사람은 죽었다 깨어나도 절대 그렇게 하지 못했을 거라고 말했다. 지금 생각해보니 아니다. 아무리 생각해도 그건 아닌 것 같다. 그때 나를 병원에 기꺼이 데려다준 그분이 특별한 것은 맞지만, 아마 같은 상황을 다시 겪는다고 해도 나는 만 원짜리 한 장 집어 나오지 못할 것이고, 나 역시 설령 내 차를 폐차하게 되더라도 피투성이가 된 채 살려달라고 애원하는 어린 여자애들의 손을 차마 뿌리치지는 못할 것이다. 그리고 장담하는데, 이 글을 읽는 당신들도 그럴 것이다. 몰라서 그렇지, 악한 짓도 재능이 있어야 하는 것이다. 아무나 하는 일이 아니다.

함께 사고를 당했던 친구하고는 병원에서 퇴원한 후 두어 번 보았는데, 그 후로는 누가 먼저라고 할 것도 없이 서로 연락을 끊었다. 얼굴을 마주 보고 있으면 아무리 잊으려 해도 그날의 기억이 자꾸 떠올랐기 때문이다. 서로에게 못할 짓이었다.

그날의 사고는 이후 내 생에 지대한 영향을 미쳤다. 얼마 전 읽은 황석영 작가의《수인》에서 "겪은 것들은 어리숙하지 않다(《수인》, 36쪽)", "봄날 같은 청춘을 제祭지냈다(같은 책, 123쪽)"라는 문장을 마주쳤다. 당시 내 마음을 정확하게 묘사한 문장 같다. 말 그대로 어리숙해야 마땅한 나이에 사고를 겪은 후 나는 오랜 세월 청춘을 제지내며 보냈다.

방황의 나날들

보상금은 사고 후 1년이 지나지 않아 지급되었다. 그때 내 나이가 어려서(사고 당시 만으로 18세였다) 엄마가 대신 받았는지 아니면 내가 고스란히 엄마한테 넘겨주었는지 정확히 기억나지 않지만, 아무튼 엄마가 보상금을 받았다. 얼마나 받았는지도 정확히 기억하지 못하는데 당시에 엄마가 보상금으로 평촌에 꽤 넓은 평수의 음식점을 개업하고 남은 돈은 따로 저축까지 할 수 있었으니 적지는 않았을 것이다.

그 돈을 받아서 행복했냐고? 결론부터 말하면, 아니다. 그런 일을 겪지 않고 그 돈을 안 받는 편이 낫다. 내가 직접 받았어도 그런 말을 하겠냐고? 물론이다. 당시에 만약 그 돈을 내가 챙겼다면, 내 상태는 지금보다 훨씬 더 나빠졌을 것이다. 그때 나한테 돈까지 많았다면 아마 더 많은 유혹에 시달리며 살았을 테니까. 상식적으로 생각해보자. 자본주의 사회에서 큰돈을 주었을 때는 그만한 이유가 따로 있는 법이다. 우주에 공짜 점심은 없다.

다시 그때 이야기로 돌아가서, 사고 이후 나는 재수와 삼수를 이어 했다. 아니, 공부를 핑계로 마냥 놀았다고 하는 편이 맞겠다. 지금 생각하면 극심한 무기력 상태였는데, 당시에는 내가 무기력하다는 사실조차 인지하지 못했다. 그냥 늘 '언제 죽을지도 모르는 게 사람 인생인데 무언가를 열심히 한다는 게 무슨 소용인가' 싶었다.

거의 대부분의 시간을 불도 켜지 않은 어두운 방에 틀어박혀 지냈다. 그때는 무엇을 따로 하고 싶지도 않았고, 딱히 무언가가 되고 싶지도 않았다. 게다가 당시 가족들 모두 평촌에 가고 혼자 서울 본가에 남아 있었기에 내 마음대로 실컷 망가질 수 있었다. 대부분의 날들을 나는 온종일 방에서 뒹굴며 라디오를 듣거나, 전에 아빠가 사다놓은 케케묵은 책들을 닥치는 대로 읽었다. 당시에 집에 있던 책을 모조리 읽었던 것으로 기억하는데 나중에는 읽을 책이 없어서 《성경》에서 《초급 기타 교본》까지 섭렵했다.

매달 노량진에 가 수강 등록을 했어도 정작 학원에 간 날은 손에 꼽았다. 당연한 이야기이지만 성적은 가파르게 떨어졌다. 결국 삼수 끝에 서울 인근의 시답잖은 대학에 가긴 했지만, 그 생활도 그리 오래가지는 못했다.

그러던 어느 날 피시방에 앉아 게임을 하다가 문득 '나도 이제 취직을 해야겠다'고 생각했다. 지금 생각해도 이 대목이 내 인생에서 가장 희한한 부분이다. 그 시절 내게는 돈을 벌어야 하는 명분이 따로 없었기 때문이다. 그날 갑자기 집 근처 회사의 구인공고를 보고, 이력서를 써 내고, 무작정 지하철을 타고 동대문으로 가 연회색 바지 정장을 한 벌 사 입고, 면접을 보았다. 얼마 후 그 회사로부터 합격 통보를 받았다. 순전히 우연이었다.

회사에 다니며 정상적인 사람들의 시간대에서 함께 생활하자, 드디어 내게도 평범한 범주에 속하는 애인이 생겼다. 그는 그의 연인이 '나'라는 사실만 빼면 훌륭한 사람이었다. 하지만 다시 한 번 말하지만 그의 연인이 '나'라는 사실이 그에게는 대단히 큰 문제였다. 그 무렵 내 병은 계속해서 나빠지고 있었기 때문이다. 하지만 그는 내 병을, 내 속을 전혀 알아차리지 못했다.

당시에 내 증상은 아침저녁으로 마음이 널뛰는 전형적인

조울이었는데 그 시절에는 다들 '또래 여자애들의 흔한 변덕이다' 하며 별일 아닌 것처럼 굴었다. 그뿐 아니다. 좋을 때는 몰라도 한번 심사가 틀어지면 분노조절이 되지 않아 별것 아닌 일에도 불같이 화를 내며 폭주했다. 이것도 그냥 타고난 기질이고 성향이겠거니 하고 넘겼다.

사실 그즈음에 어디 가서 말도 꺼내지 못하고 혼자 속으로 좀 앓았다. 그전까지 '사랑하는 사람이 생기면 내 아픈 마음도 낫겠지'라는 막연한 희망이 있었다. 이제 그런 사랑하는 사람을 만난 것만 같은데, 어쩐지 그와 시간을 보낼수록 숨이 막혔다. 이상하게도 그와 함께하면 할수록 별일 아닌 일에도 괜히 짜증과 신경질을 부렸다. 그에게는 아무 죄도 없었지만 불행히도 그 시절에 나는 그와 함께 있는 것 자체만으로도 지쳐갔다. 그러면서 깨달았다. 사랑과 고통은 철저히 별개라는 사실을, 이런 감정은 어느 한쪽이 무거워진다고 다른 한쪽이 가벼워지는 놀이기구가 아니라는 것을 말이다.

결국 우리는 얼마 지나지 않아 헤어졌다. 나 혼자 일방적으로 내린 결정이었다. 어느 날 커피숍에서 갑자기 이별 통보를 받은 그는 한동안 넋이 나간 얼굴로 내 이야기를 듣고는, 다 큰 어른이 주먹으로 눈을 비비며 울었다. 이 모습은 훗날 오래도록 마음에 남아 나를 아프게 했다.

이런 세월들을 보내고 나니 이제 어느덧 내 나이도 마흔을 훌쩍 넘긴 중년이 되었다. 참고로 이날 이때까지 살아 있으리라고는 상상도 하지 못했다. 이렇게 오래 살아 있을 줄 알았으면 조금 더 신중하게 살 걸 그랬다.

요즘도 가끔 내게 사람들이 '왜 결혼하지 않느냐'고 묻는다. 그때마다 나는 그냥 "결혼을 안 한 것이 아니라 못한 것이다"라고 고쳐준다. 내가 진짜 결혼을 못하게 된 이유는 어려서 너무 큰 불행에 피폭당해 미래에 대한 기대와 희망을 잃었기 때문이다. 당장 내일 어떻게 될지도 모르는 인생인데 결혼이라니, 영원이라니, 아이라니. 전부 다 같잖은 이야기지.

주변 사람들에게 요즘 글을 쓴다고 이야기하니 다들 하나같이 "글을 쓰면서 치유가 되겠네요"라고 한다. 이런 이야기를 들을 때마다 분명하게 말하고 싶다. 아니, 실은 전혀 그렇지 않다. 불행에 대한 글은 쓰면 쓸수록 아프다. 세상에 아름다운 흉터는 없다. 올해 일흔을 넘긴 우리 이모는 어려서 친구들이 다들 가방 메고 학교 갈 때 자기 혼자 막내 외삼촌을 등에 업고 학교 담벼락을 따라 걸으며 눈물 훔쳤던 이야기를 하면서 여태 운다. 지금까지 나한테 열 번도 더 이야기했는데도 말할 때마다 매번 운다. 그러니까 내가 말하고 싶은 상처의 본질은 이런 것이다. 어떤 슬픔들은 세월이 아무리 흘러도 덧나고 아물고 덧나기를 반복한다.

그런 의미에서 불행에 대해 말하고 기록하는 일 역시 쉽지 않다. 가끔은 '나를 괴롭히며 쓰는 글이 타인에게 무슨 의미가 있을까' 하는 의문까지 든다. 하지만 내게는 이 글을 통해 세상에 꼭 하고 싶은 말이 있다. 그 모든 일들을 겪어왔지만, 그럼에도 내가 살아온 세상은 따뜻했다고. 눈물 나게 불행한 시절도 있었지만, 가슴 벅차게 감사한 순간들도 많았다고. 그러니 당신들도 살아 있으라고. 무슨 일이 있어도 그냥 살아만 있으라고. 그러다 보면 가끔 호사스러운 날들도 경험하게 될 거라고. 이 말을 하고 싶어 쓰는 것이다. 다른 것은 없다.

비극의 시작

동일한 사건을 두고도 누구는 재채기 한 번으로 끝낼 일을 누구는 감기처럼 앓고, 또 다른 누군가는 열병으로 며칠간 앓아눕는다. 모두 개인의 면역력 차이다. 삼풍 사고에서 나는 왜 다른 사람에 비해 열병을 앓았나 생각해보니 하필 불행에 대한 면역력이 최대치로 낮아졌을 때 사고를 겪었기 때문이라는 것을 알게 되었다.

이런 연유에서 지극히 개인적인 이야기이지만, 불행의 연장선 '그 시작'에 있었던 일을 말하고자 한다. 삼풍 사고와 내 개인의 불행한 역사에 대해 처음 이야기하기 시작했을 때 어지간하면 가족은 언급하지 않으려 했다. 한데 내 생을 관통

한 불행에서 가족을 빼고는 도저히 설명할 수 없는 것들이 있어, 내키지 않지만 쓰기로 했다.

이야기의 시작은 우리 엄마다. 바로 우리 가족이 엄마로부터 시작되었기 때문이다. 엄마는 한국전쟁 중에 아버지를 여의고 홀어머니 밑에서 어렵게 자랐다. 그러다 스물네 살 봄, 먼 친척의 소개로 엄마는 청주의 한 다방에서 아빠와 선을 보고, 그 후로 딱 두 달 뒤 우리 집으로 시집왔다. 훗날 이 일을 두고 "좀더 신중했어야 하는 거 아니야?" 하고 묻는 내게 엄마는 "그냥 그때는 한여름에도 모직 치마를 입는 게 너무 싫었어"라고 간단하게 대꾸했다.

결론부터 말하면, 부잣집으로 시집만 오면 단박에 팔자가 필 줄 알았던 엄마의 생각은 대단히 큰 착각이었다. 엄마는 신혼여행을 다녀오자마자 아침에 눈만 뜨면 부엌에 처박혀 종일 허리 한 번 펴보지 못하고 일만 했다. 밤이 늦어 다들 자러 들어가면 그제야 부엌에서 빠져나올 수 있었다. 당시 할아버지는 충북의 한 소도시에서 한약재 농사를 크게 짓고, 인삼 도매를 했기에 집에서 밥을 해 먹여야 하는 일꾼이 많았기 때문이다. 게다가 할아버지는 평소에도 누가 그냥 노는 꼴을 보지 못하는 성격이었다. 엄마라고 예외가 될 수 있나. 덕분에 엄마는 밥도 부엌에 서서 되는 대로 먹어야 했다. 게

다가 식을 올린 후 얼마 지나지 않아 엄마가 임신한 그때 하필 아빠가 군대에 갔다.

그나마 아군이었던 아빠마저 집에서 사라지자, 엄마는 시가 식구들로부터 대놓고 구박을 받고 모욕적인 언사를 들었다. "과부가 키워 그런가. 애가 본이 없구나. 하긴 없는 집에서 네가 뭘 보고 컸겠니" 같은 말들 말이다. 그렇게 모진 시집살이를 견디며 남편도 없이 큰아들을 낳은 엄마의 몸과 마음은 이미 상할 대로 상했기에, 아이를 낳은 후로 꽤 오래 산후통에 시달려 자리보전했고, 이 과정에서 자연스레 큰오빠를 할머니가 돌보았다.

그러는 사이에 아빠가 제대했다. 엄마는 제대한 아빠에게 더는 이렇게 못 살겠으니 당장 서울로 분가하자고 조른다. 물론 할아버지는 예상대로 아들 내외의 분가를 완강하게 반대하다가, 뜻밖에도 할머니가 내건 조건을 전제로 허락했다. 바로 아기를 두고 가는 조건이었다. 할머니는 아빠의 의붓어머니였고, 할머니 배로 낳은 친자식이 없다. 그 나이에 태어나 처음으로 아기를 안아보았으니 예쁘기도 했겠지.

그때 엄마는 자기가 너무 죽겠으니까 '아들은 몇 달 뒤에 찾으면 되겠지' 생각하고 일단 상경했다. 하지만 엄마는 자신의 큰아들이 6학년이 될 때까지 서울 집으로 데려오지 못했다. 서울에 온 엄마는 시집살이에서 벗어나 신수가 편해지자, 3년 터울로 나와 작은오빠를 낳아 길렀다. 이때를 엄마는 지금도 당신 인생에서 가장 행복했던 시절로 기억한다. 또 막내인 나는 본인이 몸도 마음도 편할 때 가진 자식이라 그런지 낳고 기르는 과정도 수월했다고 한다. 낯도 가리지 않는데다가 순해서 아무한테나 잘 안기고, 아파도 울지 않아 거저 키우는 것만 같았다고 한다. 그래서였을까. 내게는 햇살 좋은 날, 엄마의 따뜻한 등에 얼굴을 비비며 잠들던 기억이 제법 선명하게 뇌리에 남아 있다.

이후 엄마는 드디어 중학교에 들어갈 무렵이 된 큰아들을 서울 집으로 데려오는 데 성공했다. 물론 할아버지 할머니는 이때도 반대하셨지만, 다른 것은 몰라도 학교는 서울에서 보내야 한다는 아빠의 명분 앞에 어쩔 수 없이 손주를 내주어야 했다. 그렇게 큰오빠는 어느 날 갑자기 커다란 짐보따리와 함께 우리 집에 나타났다. 물론 전에도 큰오빠를 몇 번 보기는 했다. 하지만 그 어린 나이에 어쩌다 시골에서 한 번씩 보던 사람이 친오빠라는데 알게 뭔가. 딱히 와닿지 않았다(참고로 우리는 일곱 살 터울이다).

누구 하나 나쁜 마음으로 시작한 일은 아니지만, 결과만 놓고 보았을 때 무슨 수를 써서라도 절대 원가정은 분리되지 말았어야 한다. 아이를 낳고 길러본 분들은 특히 더 잘 아시겠지만, 가족이라고 해서 어느 날 갑자기 누군가 찾아와서 "안녕. 나 사실 너의 가족이야. 우리 오늘부터 잘 지내볼래?" 하는 순간 온몸에 전율이 흐르며 심장이 뛰고 서로가 뜨겁게 가족임을 확인하는 게 아니다. 모름지기 가족이란 피를 떠나 살을 맞대고 살며 생의 서사를 함께 만든 사람들을 일컫는 말이다. 그런데 큰오빠하고 나는 어느 날 신림동에 있는 왕 갈비 집에서 함께 돼지갈비를 구워 먹으며 느닷없이 가족이 되어버렸다.

이 일은 우리 가족 모두에게 씻을 수 없는 상처를 남겼다. 할머니 할아버지는 그분들 나름대로 애간장을 태우며 사셨다. 여태 솜에 싸서 기른 귀하디귀한 손주를 어느 한날 내어주고 눈 감는 날까지 말 못 할 그리움으로 가슴 아파하셨다. 또 막 사춘기가 시작된 시기이던 큰오빠도 굉장히 혼란스러워했다. 서울생활과 전학 온 학교에 제대로 적응하지 못해 힘들어했다. 그 후로도 한평생 가족으로부터 이질감을 느꼈으며, 서울생활하는 내내 할머니와 할아버지를 그리워했고, 자기를 다시 시골로 돌려보내지 않는 부모를 원망했다. 아니, 그렇지 않은가. 여태 자기를 업어 키운 사람이 엄마가 아니라 할머니였으며, 젖먹이 때 자기를 버리고 간 진짜 부모는 서울에 따로 살고 있고, 자기 말고도 자식이 둘이나 더 있으며, 심지어 그들끼리는 이미 너무 친해 끼어들 자리가 보이지 않았을 테니까.

이 때문이었을까. 그 무렵 큰오빠는 특이하고 이상한 행동을 종종 했고, 이를 두고 아빠는 더 늦기 전에 버릇을 잡아야 한다며 야단을 많이 쳤다. 그러면 또 옆에서 엄마는 아빠한테 별것도 아닌 일로 애를 잡는다고 맞서고, 그러다 둘이 기어이 싸우고, 그 과정에서 더러는 밥상도 엎어지고, 화분도 깨지는 날들이 시작되었다. 그렇게 일순간 집안 분위기는 180도 바뀌었다. 아마 이 무렵부터 같다. 큰오빠는 부모가 계시지 않는 날이면 특히 나를 곤죽이 되도록 때렸다. 그냥 아이들끼리 장난으로 툭툭 치는 정도가 아니라, 진짜로 온몸에 피멍이 들고 입안에 피가 고이도록 사정없이 팼다. 아마 그는 자기가 증오하는 대상인 부모가 가장 아끼는 나를 때리는 게 자신이 겪는 세상의 부당함에 맞서는 방법이라고 생각했는지도 모르겠다. 그것도 아니라면 그저 단순히 본인이 기분 나쁠 때 내가 눈앞에 알짱거렸을지도 모르고. 어쨌든 나로서는 도저히 알 수 없는 이유로 그 어린 나이에 거의 매일같이 거구의 오빠에게 얻어터졌다.

누군가는 물을 것이다. 어린아이가 그 지경까지 맞는데 부모라는 사람들은 무엇을 했느냐고. 일단 당시에 엄마 아빠는 돈을 버느라 바빴다. 자기가 나와 작은오빠를 괴롭힌다는 사실을 엄마 아빠한테 이르면 둘 다 진짜로 죽여버린다는 큰오빠의 말이 무서워 선뜻 주위에 말하지 못했다. 이런 연유에서 작은오빠와 나는 보편적인 가정에서 자란 남매들과는 다른 우애가 있다. 그럴 수밖에 없지 않을까. 세상 사람들은 모르는 불행을 우리는 아니까, 엄마 아빠한테도 다 말하지 못한 비밀을 우리는 아니까. 너무나도 슬픈 이야기이지만 말이다.

나는 어쩌다 멍이 든 몸을 엄마한테 들켜도 거짓말했다. 공교롭게도 나는 본래 남들보다 멍이 잘 드는 체질이다. 하지만 이게 어디 끝까지 지켜질 비밀인가. 결국 이 사실을 알게 된 아빠가 어느 날 큰오빠를 말 그대로 사정없이 팼다. 그러자 그는 이제 내 몸에 멍이 들지 않는 온갖 방법을 동원해서 괴롭혔다. 더는 설명하지 않겠다. 한마디로 매일이 지옥이었으니까.

그러던 어느 날이었다. 노상 우리 관계를 예의 주시하던 아빠가 어느 날 내 몸에 든 상처들을 보고 나와 큰오빠를 앉혀두고 대질 심문을 시작했다.

"너 사실대로 말해. 얘 때렸지."

"아니오."

"그럼 네가 대답해. 오빠가 때렸지."

잠시 고민하다가 큰오빠의 눈을 똑바로 쳐다보며 말했다.

"아니오."

그러자 아빠는 무언가를 골똘히 생각하더니, 내게 시선을 거두어 큰오빠를 노려보며 이렇게 말했다.

"얘가 아니라고 하니까 이번에는 그냥 넘어가. 하지만 앞으로 다시 한 번 얘를 건드렸다가는 너 진짜 내 손에 죽어."

그때 순간이지만 겁에 질린 큰오빠의 눈을 보았다. 그 후로는 참 이상도 하지? 더는 큰오빠의 주먹이 무섭지 않았다. 큰오빠가 나를 때릴 때마다 나는 속으로 이런 생각을 했다.

'너는 나를 아프게 할 수는 있어도 다치게 할 수는 없어.'

이 말은 훗날 이어진 모진 세월들을 버텨올 때, 오랜 시간 나를 지켜주는 주문이 되었다. "아무도 나를 다치게 할 수 없어." 놀랍게도 이런 생각을 처음 했을 때 내 나이가 겨우 일곱 살 무렵이었다. '어떻게 저런 생각을 했지?'라고 곰곰이 생각해보니 그건 다름 아닌 사랑 덕분이었다. 어려서부터 가족과 친지, 이웃으로부터 받은 절대적인 지지와 사랑 말이다. 셋째까지 낳은 후 몸이 많이 약해진 엄마는 외할머니 손에 나를 맡겼는데, 엄마와 몸이 떨어져 있음에도 엄마가 나를 사랑한다는 사실을 한 치의 의심 없이 받아들였다. 또 외할머니를 따라 여러 친척 집을 전전할 때도 나는 항상 친척과 이웃들로부터 차고 넘치는 사랑을 받았다.

심지어 둘째 외삼촌은 젊어서 건설현장을 다니며 막노동을 하셨는데, 가끔 우리 집 근처에서 공사를 하면 유치원에 다녀오는 내 머리 위로 100원짜리 동전 하나를 아무 말도 없이 그냥 '툭' 하고 던졌다. 당시 어린 마음에 '와, 어떻게 외삼촌은 내가 지나가는 걸 이렇게 잘 알지?' 했는데, 막상 어른이 되고 보니 그게 보통일이 아니었다. 삼촌은 조카 녀석에게 100원짜리 동전 하나를 던지기 위해 그 힘든 일을 하면서도 얼마나 많이 신경을 썼겠냐는 말이다. 그 생각을 하면 아직도 가슴 한구석이 저릿저릿하다.

이 때문이었을까. 나는 일반적인 사람이었으면 진작 깔려 죽었을 여러 불행의 무게를 이고 지고 살았으면서도 어찌 되었든 여태 나를 지켜냈고, 여전히 세상이 그리 어둡지만은 않다고 낙관하는지도 모르겠다.

10년이 지나 죽기로 결심하다

기억력이 그다지 좋은 편이 아닌데, 이상하게도 생의 몇몇 장면은 사진을 찍어놓은 것처럼 뇌리에 선명하게 남아 있다. 그날도 그런 날 가운데 하나였다. 학원을 마치고 도착한 집의 분위기가 평소와 달랐다. 이상했다. 주방에 불이 켜져 있었고 도마 위가 어질러져 있었다. 저녁을 준비하던 엄마가 칼을 내려놓고 어디론가 사라진 것이었다. 왠지 모르게 등골이 서늘했다. 그때 전화벨이 울렸다. 막내 외삼촌이었다.

"어떡하니…. 글쎄, 네 아버지가…."

"왜요? 죽었어요?"

그다음은 생각이 나지 않는다. 다음 장면이다. 또 전화가

왔다.

"여보세요."

"홍은동 아줌마야. 발인이 언제라 하니?"

"발인이 뭐예요?"

"아, 그게… 음… 주변에 어른 안 계시니?"

"저도 어른인데요."

나중에 알았다. 발인이란 장례가 끝난 뒤 시체가 영안실에서 화장터나 묘지로 운구되는 날을 뜻한다는 것을. 홍은동 아줌마는 지금 막 아빠를 잃은 친구 딸에게 차마 그 말을 할 수 없었을 것이다. 그 후로 나는 살면서 숱하게 많은 상갓집을 가보았지만, 우리 집만큼 비통했던 상갓집을 본 적이 없다. 갑작스러운 비보 때문이었을까. 조문 온 사람들은 다들 허리도 펴지 못하고 울었다.

어찌어찌 상을 치른 후 우리는 벽제에서 아빠를 화장하고, 다시 작은 항아리에 옮겨 담아 근처에 있는 납골당에 안치한 뒤 집으로 돌아왔다. 돌아오는 장례 버스에서 나와 작은 오빠는 나란히 앞자리에 앉았는데, 봄날 햇볕이 유난히 좋았던 기억이 난다. 집에 오는 길에 우리는 더러 꾸벅꾸벅 졸기도 하고, 가끔은 소리 내지 않고 웃기도 했다. 그러면서도 마음 한구석이 이상했다.

'어? 아빠가 그렇게 슬프게 죽었는데, 어떻게 우리는 이럴 수 있지?'

희한한 건, 이날 이후의 생은 계속 이러했다. 슬픈데 웃겼고, 웃긴데 슬펐다.

아빠는 분명 내게 좋은 사람이었지만, 본래 상처가 깊은 사람이었다. 한평생 생모에게 버림받았다는 사실을 극복하지 못해 힘들어했다. 게다가 할아버지는 이런 아빠와는 아주 다르게 거칠고 호방한 성정을 지닌 분이었다. 덕분에 아빠는 자식을 셋이나 두고도 명절날 밥상머리에 앉아 할아버지에게 노상 꾸중을 들었다. 이야기는 대부분 "사내 새끼가 못나가지고"로 시작되었다.

이제 와 생각해보니 할아버지는 부자였다. 1980년대 초반까지 시골집 행랑에 머슴이 살 정도였다. 할아버지는 남자라면 자고로 해가 뜨면 밖으로 나가 돌멩이라도 하나 주워와야 한다는 신념으로 한평생 부지런하게 살았다. 돈이 안 모이려야 안 모일 수가 없었다. 그러니 할아버지 눈에 골방에 틀어박혀 두문불출하고 책 읽기를 좋아하는 아들이 성에 찰 리있었을까? 그 후 아빠는 할아버지의 강권으로 옆 동네에 살던 엄마와 선을 보아 결혼도 하고 자식도 낳고 서울에서 집도 얻고 이런저런 일들을 벌였지만 어째 하는 일마다 전부

신통치 않았다. 그러다 막판에는 전 재산을 걸고 배팅을 했는데, 그게 완전히 잘못되었다. 오래도록 믿고 지내던 후배에게 사기를 당한 것이었다. 그 사실을 안 아빠는 심한 충격에 빠졌고, 결국 나쁜 선택을 했다.

한동안 아빠의 죽음이 아팠다. 죽기 전날까지 아빠가 그만큼 힘들어했다는 사실을 전혀 몰랐기 때문이다. 그 일이 있기 바로 전, 아빠가 방문을 열었을 때, 지금은 대체 왜 그러했는지 기억도 나지 않는 이유 때문에 그와 말을 하고 싶지 않아 이불을 머리끝까지 끌어 올리고 자는 척했다. 그날이 마지막이 되리라고는 상상도 하지 못하고 말이다. 훗날 이 일은 오랜 세월 지독히도 나를 괴롭혔다. 미처 몰랐던 아빠의 고통을 생각하며, 어린 나이에 나는 '불행이라는 게 무서울 정도로 개별적이구나'라고 생각했다.

또 그때 나는 아빠의 죽음과 내 삶이 즉각적으로 분리되기를 원했다. 하지만 보편적이지 않은 그 죽음은 동네에 금세 퍼졌고, 어쩌다 우리 가족을 본 이웃들은 목소리를 낮추고 수군댔다. 그들이 무슨 말을 하는지는 중요하지 않았다. 그저 어느 날 갑자기 우리 가족이 불행계의 금메달리스트가 되어 남의 입에 오르내리는 상황이 싫었다. 생각했다. 가족을 잃은 것만으로도 이미 충분히 슬픈데, 어째서 사람들의 시선까지 신경 쓰고 살아야 하는지 모르겠다고. 그 후로 나는 이 일에 대해 더더욱 입을 닫기 시작했고, 이후에 만난 사람들에게 아빠의 공식 사인을 '심장마비'라고 밝혔다. 그리고 같은 해, 운명인지 우연인지 공교롭게도 아빠의 죽음으로 학습한 생의 허무를 삼풍 사고를 겪으며 마스터할 수 있었다. 한순간에 아무런 맥락도 이유도 없이 많은 사람들이 죽고 사는 것을 보았기 때문이다. 게다가 그들의 죽음에는 예고는 고사하고 납득 가능한 서사조차 없었다. 마치 한여름에 하루살이 한 무리가 살충제 한 방에 맥없이 후드득 떨어지는 것처럼, 신의 모상이라 불리던 사람들이 죽었다.

끝내 이때 받은 충격이, 사고 이후 10년이라는 잠복기를 거친 후 극도의 불안과 우울 증세를 동반한 정신과 질병으로 찾아왔다. 정말 어느 날 아침에 갑자기 '더는 이렇게 살기 싫다'는 생각이 들었다. 뭐라고 해야 할까. 그때 막연히 '앞으로 남은 생은 그냥 이런 식으로 이어지겠구나' 하는 예감에 사로잡혔기 때문이다. 그러자 말 그대로 죽어야겠다는 생각만 남았다. 게다가 밤마다 내 영혼은 갈기갈기 찢어지는데 이를 아무한테도 말하지 못하는 상황이 더없이 견디기 힘들었다. 그래서 그냥 죽자고 생각했고 그 후로는 어떻게 죽을지 고민하다가, 자다 죽는 게 좋을 것 같다는 생각에 그 후 오랜 기간

부지런히 정신과를 찾아다니며 수면제를 모아 한꺼번에 입 안에 털어넣었다. 참고로 그 시절에는 의료통합 서비스가 적용되지 않아 중복처방이 가능했기에 원하는 만큼 마음껏 약을 모을 수 있었다. 만족스러운 수준으로 수면제를 확보한 후 정성스레 목욕하고 깨끗한 잠옷으로 갈아입고 손톱 발톱까지 깔끔하게 정리한 뒤에 배가 부를 정도로 약을 삼키고 바로 정신을 잃었다.

마침 운명인지 우연인지 우리 집 근처를 지나다가 잠깐 들른 작은오빠 덕분에 즉시 병원으로 이송되었고, 그날 밤 나는 또다시 이승의 중환자실에서 눈을 떴다. 한동안 의식을 잃었던 나는 엄청난 불빛 속에서 눈을 떴다. 그제야 다시 살았다는 사실을 깨닫고는 감사는커녕 극도의 좌절과 분노를 제일 먼저 느꼈다. '어째서 죽는 것 하나 마음대로 하지 못하는가' 하는 생각에 너무도 화가 나 산소호흡기를 떼자마자 링거를 뽑고 "왜 살려냈냐"고 발광하며 생난리를 피웠다.

그때였다. 엄마가 내 앞에서 무너져내렸다. 무슨 일이 있어도 무소처럼 성실하게 생을 이어가던 엄마가, 아빠를 여의고 오던 날에도 우리를 용산에 데려가 최신형 일제 워크맨을 사주며 "산 사람은 어떤 일이 있어도 살아야 한다"고 당부하던 엄마가 링거를 뽑고 난리를 치는 나를 끌어안더니 정말 정신

나간 사람처럼 울며 이렇게 말했다.

"아무리 사는 게 힘들어도 여태 나쁜 생각을 해본 적이 없는데, 네가 잘못되었다는 소리 듣고 여기로 오는데, 지하철에 몸을 던지고 싶더라. 얘야, 이러지 마라. 나 너 없으면 못 산다."

그제야 비로소 내가 정서적으로 꽤 심각한 문제를 안고 있음을 인지했다. 사고를 쳤을 당시에는 거의 열흘 가까이 지속되는 불면의 밤을 보내던 때였다. 밥도 제대로 먹지 못해 체중도 평소보다 10킬로그램 정도 줄어 있었다. 좋은 생각을 하려야 할 수 없는 상태였다.

퇴원 후 정신과를 꾸준히 다니며 본격적으로 트라우마 치료를 받기 시작했다. 생각했던 것보다 큰 도움을 받았다. 일단 병원에서 처방해주는 약을 먹으니, 불안 증세가 대번에 완화되어 제때 잠을 잘 수 있었다. 다른 것 다 떠나서 그것만으로도 살 것 같았다.

그 후 몸을 얼추 추스른 후 적극적으로 재활 작업에 참여했다. 주말마다 방배동으로 심리치료도 받으러 다니고, 문화센터에서 에니어그램 같은 심리상담 과정도 이수했다. 또 주말이면 배낭을 메고 산 깊은 암자로 찾아들어 오랜 시간 마음 깊은 곳을 들여다보기 시작했다. 그러자 내 생에 일어났던 모든 사건이 이전과는 다른 각도에서 보였고, 놀랍게도 그 과정을 통해 내게 일어났던 불행들을 어느 정도 이해할 수 있게 되었다. 그 후에는 전보다 훨씬 트라우마에서 자유로워졌다.

사람들이 느끼는 불행의 정도는 제각기 달라서 고통에 등급을 매기는 것은 말도 안 되는 일이라 생각하지만, 그럼에도 누군가 내게 어떤 불행이 가장 고통스러운지 묻는다면 아마 나는 주저하지 않고 이렇게 말할 것이다. 어떻게 해도 이해해볼 수 없는 불행이 진짜 불행이라고.

사실 불행의 크기나 빈도는 고통과 비례하지 않는다. 생의 어떤 불행이든 그 일을 이해할 수만 있으면, 설령 전쟁이라 해도 잊고 살 수 있다. 하지만 왜 일어났는지, 대체 누가 그렇게 만들었는지, 그 일이 어째서 나한테 일어났는지 짐작조차 하지 못한다면 그 불행은 평생을 가도 잊지 못하는 사건이 된다.

나를 사랑했던 사람에게

사랑하는 사람을 불행한 사고로 갑작스레 잃고 나면, 살다가 문득 어떤 행복한 순간을 마주해도 '내가 이렇게 행복해도 되나' 하는 생각부터 먼저 하게 된다. 나 역시 그러했다. 한평생 쓸쓸하게 살다가 간 아빠를 떠올릴 때마다 언제나 마음 한구석에 이런 말하지 못할 죄책감을 느꼈다. 게다가 아빠 장례를 치른 지 석 달 만에 또다시 삼풍 사고로 너무 많은 죽음을 겪고 나니, 이런 마음들이 더 크게 와닿았던 것 같다. 매일 불 꺼진 방에 누워 천장을 보며 이런 생각들을 했으니까.

'그 사람들은 왜 죽었고, 나는 왜 살았을까.'

마음이 복잡하니 오히려 일상은 단순해졌다. 물론 좋은 의미로 단순해졌다는 이야기는 아니다. 무엇이든 깊이 고민하고 싶지 않아 마음 내키는 대로 살았다는 말이다. 당시에 재수생 신분이었지만 책상에 앉아 연필 한 번 제대로 잡아본 적이 없다. 정말 희한했다. 사고 이전까지는 인생의 최대 목표가 '대학'이었는데, 그게 하루아침에 아무 일도 아닌 것처럼 느껴졌다. 그러니 당시에 무엇인들 소중하게 여겨졌을까. 해서 젊은 날들을 되는 대로 흘려보냈다. 그러니 내게 청춘이란 찬란한 인생의 봄날이 아니라 난롯가에 앉아서도 이가 덜덜 떨리게 춥던 모진 겨울이었다.

그 무렵에는 나도 첫 연애를 시작했다. 어쩐지 화목한 가정에서 반듯하게 자란 사람에게는 조금도 매력을 느끼지 못했다. 아마 어린 마음에 '그들은 내 심연의 상처를 공감하지 못하리라' 미루어 짐작했던 것 같다. 결론부터 말하면 이는 대단히 잘못된 판단이었다. 상처 입은 사람끼리 만나서 좋은 것은 고작해야 하루이틀이 전부였다. "그래, 너도 아팠구나. 나도 많이 아팠다" 정도가 서로를 위해 할 수 있는 최대한의 위로다. 어쩔 수 없다. 내면의 상처가 깊으면 깊은 사람일수록 관계에서 방어적이고 이기적인 태도를 취하기 때문이다. 물론 그 속 깊은 내막에는 더는 상처입고 싶지 않으려는 마음 때문이겠지만, 서로에게 도움되지 않는 것은 사실이다.

게다가 이들은 서로의 속사정을 뻔히 아니까, 어디를 어떻게 찌르면 아픈지 아니까, 마음만 먹으면 서로에게 치명적인 상처를 입힐 수 있다. 그러니 서로 사귀다가 헤어지면 결국 누구 하나는 파멸의 수순을 거쳐야 한다. 내 연애도 마찬가지였다. 그 파멸이 내가 될 때도 있었고, 상대가 될 때도 있었다. 하지만 나는 어쩐지 이 알 수 없이 모호하고 불안정한 연애에 꽤 오랜 기간 매료되어 있었다.

그러다 어느새 나이를 먹고는, 서서히 이런 연애가 잘못되었다는 것을 깨닫고 그 무렵 처음으로 멀쩡한 사람과 연애를 했다. 그는 화목한 가정에서 막내로 태어나 부모와 형제로부터 사랑을 많이 받고 자란 친구였다. 다정하고, 성실했으며, 좋은 사람이었다. 함께 있으면 궂은일 힘든 일을 자기가 다 나서서 했다. 더러 일 때문에 지방에 갔다가도 내가 아프다는 소리를 들으면 그 먼 길을 내달려 잠깐이라도 짬을 내 약을 사다가 우리 집 앞에 두고 가는 자상한 사람이었다. 그뿐인가. 당시 그는 의정부, 나는 용인에 살았는데, 그는 매일 강남에 있던 회사에서 퇴근하면 우리 집 근처에 와서 나를 보고 다시 서울을 빙 둘러 집에 가고는 했다. 그러면서도 불평한 번 내보인 적이 없었다. 그런데도 그때 왜 그렇게 그가 못마땅했던지.

문제는 나였다. 젖은 옷을 너무 오래 입고 있어 그랬나. 불안정한 상태에 그만 너무 익숙해져버렸다. 그러니 그 안정적인 연애 상태가 늘 불편하고 낯설었다. 그 무렵 그와의 관계가 깊어질수록 마음 깊은 데서 극심한 저항감을 느꼈다. 그러니 둘 사이에 아무 문제가 없으면 일부러 시빗거리를 만들었고, 별것 아닌 일로도 그의 속을 홀딱 뒤집었다. 그러면 참다못한 그가 평소답지 않게 격렬한 반응을 보였고, 그 모습을 보면 그제야 나는 패악을 멈출 수 있었다. 그 과정에서 그가 상처 입는다는 생각은 조금도 하지 못하고 말이다.

그러고도 모자라, 매일 그가 싫어하는 짓만 골라 했다. 노상 다른 사람들하고 몰려다니고, 술에 취해서 모르는 사람 등에 업혀 실려가고, 툭 하면 휴대전화를 잃어버려 며칠 동안 연락도 되지 않았다. 그래도 그 친구는 그 시절을 잘 참아주었다. 항상 내게 별다른 내색 없이 "무슨 일이 생겼을까 봐 걱정했다"라고 했다. 그런데도 나는 무슨 변덕이었는지, 끝내 사소한 말다툼 끝에 "더는 못 만나겠다. 헤어지자"고 대꾸했다. 이것으로도 이미 충분히 상처 주었는데, 기어이 나는 "사실 요즘 너 말고 다른 사람을 좋아하고 있다"고 못을 박았다. 그 친구는 이에 큰 충격을 받았고, 그 후에는 평소답지 않은 행동들을 하기 시작했다. 술도 못 마시는 애가 맨날 술에 절어 집에 들어가고, 주말에도 밖에 나가지 않고 집에 처박혀 잠만 자고, 좋아하는 운동도 전부 그만두고, 살도 자꾸 빠지고.

어느 날 그 친구 엄마가 무언가 눈치를 챘는지, 출근하는 애를 붙잡아 세우고 울먹이며 '내가 너를 얼마나 아끼고 사랑하는데 이러고 다니느냐, 혹시 애인 때문에 이렇게 힘든 거냐'고 물었단다. 그래도 그는 끝까지 나 때문이 아니라고 했다는데, 엄마가 괜히 엄마겠는가. 며칠 뒤 나는 그의 엄마한테서 온 전화 한 통을 받았고, 그 일을 계기로 우리는 정말로 헤어지게 되었다.

이때 나는 마음도 마음이지만, 몸도 정말 좋지 않았다. 그도 그럴 것이 스무 살 이후로 근 10년간 몸에 좋은 것은 아무것도 하지 않고 살았으니 오히려 병이 나지 않는 게 이상할 지경이었다. 그때는 밥도 얼마나 조금씩 먹고 다녔는지, 당시 같은 팀 과장 한 분은 내게 늘 "자꾸 그렇게 밥 많이 남기고 다닐 거면 앞으로는 숟가락 하나만 들고 다녀라. 내가 그냥 밥 한 숟갈 따로 떠줄게" 했을 정도다. 상황이 이러니 스물아홉 살에는 걸핏하면 응급실에 가 드러눕는 신세가 되었다. 병원에서 검사해보니 면역력 수치가 나빠도 너무 나빴다. 몸이 좋지 않으니 입맛이 없고, 입맛이 없으니 밥을 먹지 않고,

밥을 제대로 먹지 않으니 속이 허해서 잠을 잘 자지 못하고, 잠을 제대로 못 자니 다시 입맛이 없고…. 이 짓을 몇 년간 반복했으니 몸이 상하지 않고 버티겠는가.

그러던 어느 날이었다. 무더운 여름날 아침, 출근 준비하다 말고 헛소리를 하며 의식을 잃고 쓰러져 응급차에 실려 병원에 갔다. 한데 아무리 검사해도 당시 40도를 오가던 고열의 원인이 밝혀지지 않았다. 의사는 여러 가능성을 열어두고 일단 해열제와 항생제를 처방했지만 전부 소용없었다. 열도 계속 오르고 혈액 내 염증 수치도 자꾸만 치솟는데, 전신 MRI를 찍어도 몸속 어디 하나 상한 데 없이 깨끗하니 의사도 나도 환장할 노릇이었다.

오죽했으면 당시 의사가 이도 저도 안 되면 목에서부터 배꼽 아래까지 절개해 내장 하나하나 다 꺼내보자고 했을까. 하지만 최후의 수단을 동원하기에는 내가 너무 젊으니 일단 할 수 있는 모든 것을 해보자고 하고는 항생제 처방을 바꾸어가며 상황을 보다가 끝내는 나를 항암 병동으로 옮겼다. 그날부터 밥은커녕 물도 한 모금 주지 않고 거의 일주일 가까이 수액만 맞추며 항생제를 다량으로 투여했고, 그 결과 끝끝내 내 몸에 있던 바이러스들을 전부 죽이는 데 성공했다.

그때는 몰랐지만 지금 생각하면 아마 당시에 내가 걸렸던 병은 신종 바이러스 아니었을까 싶다. 기존의 항생제가 전부 듣지 않았으니 말이다. 다행히 당시 의사가 내린 특단의 조치 덕분에 목숨을 건졌으나, 이 과정에서 바이러스와 함께 나까지 의도치 않게 죽어나갈 뻔했고, 불행히도 또다시 죽음을 체험했다.

항생제 치료 마지막 날이었다. 이제는 목이 타는 갈증조차 호소할 기력도 없이 온종일 멍한 눈으로 병실 안으로 쏟아지던 햇빛의 조각들만 눈으로 쫓고 있었다. 그때였다. 갑자기 일순간에 온몸에서 느껴지던 모든 통증이 사라지고 물먹은 솜처럼 무겁기만 하던 몸이 두둥실 가벼워지며 포근한 구름 위에 살포시 놓이는 기분이 들더니, 동시에 믿을 수 없을 만큼 행복한 감정이 밀려들었다. 그 순간 나는 '이대로라면 기꺼이 죽어도 좋다'라고 생각했다. 그 후 아주 잠깐 정신을 잃었던 것 같다. 나중에 어느 책에서 보았는데, 사람이 죽을 때 마라토너들이 35킬로미터쯤에 느낀다는 러너스하이, 즉 행복 호르몬으로 인해 환각을 경험한다고 한다.

그리고 이때 항암 병동, 그것도 중증 암 환자가 입원해 있는 병실에 머물면서 그간 잊고 살던 수많은 죽음을 다시 마주해야 했다. 맞은편 침대에 있던 스물여섯 아가씨는 매일 아침 힘없이 훌훌 빠지는 머리카락을 붙잡고 흐느꼈고, 옆

침대 젊은 엄마는 이미 눈썹까지 다 빠진 얼굴로 '이러다 영영 아이들 얼굴 한 번 제대로 못 보고 죽는 것 아니냐'며 아이들 사진을 끌어안고 울었다. 반대편의 나이 지긋한 한 노부인은, 퇴역 군인이라던 남편 끼니를 걱정하며 서글피 울었다. 그렇게 나는 또다시 죽음이 선량하고 무고한 이들의 숨통을 옥죄어오는 모습을 목격해야 했다.

이런 연유로 퇴원 후 내 상태는 정말 나빠졌다. 물론 엄마의 극진한 간호 덕분에 몸은 기력을 되찾았지만, 마음은 걷잡을 수 없이 나빠졌다. 그러니 이 와중에 무슨 사랑, 감기 하나 대신 앓아줄 수 없는데 무슨 사랑. 해서 그 친구한테 더 모질게 굴었고, 끝내 우리는 헤어지게 되었던 것이다.

그와 헤어지고 얼마나 지났을까. 어느 날 우연히 엄마 집에 있던 내 방 물건들을 정리하다가 전에 그 친구에게 선물받은 노트북을 발견했다. 그간 다른 데 정신이 팔려 한참을 잊고 살았다. 오랜만에 컨 노트북 안에는 우리가 함께 찍은 사진이 제법 많았다. 또 그 많은 사진들은 평소 그의 꼼꼼한 성격답게 날짜 및 장소별로 가지런히 정리되어 있었다. 잠시 하던 일을 멈추고, 책상 앞에 앉아 한 장 한 장 그 사진들을 넘겨보았다.

이상하지? 내 기억 속에서는 하나도 행복하지 않은 시절이라고 생각했던 그 시절의 나는 정작 사진 속에서 누구보다 밝고 행복한 얼굴로 있는 게 아닌가. 심지어 어떤 사진은 그 사진 속 인물이 내가 맞나 헷갈릴 정도로 환하게 웃고 있었다. 그제야 알았다. 그때 우리가 서로 사랑했다는 것을, 그와 함께 있을 때 정말 행복했다는 것을, 함께했던 시간이 전부 사랑이었다는 것을. 나중에 들으니 그는 내가 사고를 쳤을 때도 차마 병원에 올라와보지도 못하고, 병원 가까이에 차를 대고 한참을 혼자서 울다가 갔다고 한다.

사실 이제 와 이 시절을 떠올리면 안타까운 게 많다. 가장 아쉬운 점은 왜 그렇게 많은 시간 내가 나를 괴롭히며 살았을까 하는 것이다. 아빠가 나를 불행하게 만들려고 작정하고 그런 선택을 한 것도 아니고, 삼풍 사고에서 살아난 것만으로도 기적이면 기적이지 불행은 아니며, 이름 모를 병에 걸렸다가 회복된 것도 축복이면 축복이지 저주는 아닐 텐데, 어째서 그때 그렇게까지 내가 나를 괴롭히며 살았을까 하는 후회가 든다.

말도 안 되는 이야기이지만, 만약 지금의 내가 그때로 돌아가 스무 살의 나를 만난다면 해주고 싶은 이야기가 있다.

"너에게는 곧 엄청난 불행이 찾아올 거야. 네 나이에 감당하기 힘든 규모의 불행이지. 피할 수 없어. 현실을 인정하고 받아들여. 대신 부탁할 게 있어. 그 슬픔을 창고에 넣어두고 살면서 매일 감당할 수 있을 자신이 생길 때만 조금씩 따라 마셔. 걱정하지 마. 네 몫으로 정해진 그 불행은 어디 가지 않아. 그러니 절대로 한 번에 들이켜지 마.

무슨 일이 있어도 매일 너에게 새로 주어지는 일상을 지켜내길 바라. 기억해. 아무 일도 일어나지 않는 하루하루는 소중한 거야. 또 주변에 좋은 사람들을 많이 두길 바라. 무엇보다 스스로를 좀더 아껴주었으면 좋겠어. 대단히 행복하지 않아도 좋으니 매일매일 너 자신을 행복하게 해주는 일을 찾고 그 일을 하며 지냈으면 좋겠어.

또 세상에 일어나는 모든 불행의 서사를 이해하려고 애쓰지 마. 그냥 바람이 불고 비가 오듯, 어떤 일들은 이유 없이 일어나. 우리네 인생도 그래. 이해하려 애쓰지 마. 그냥 받아들여. 깊이 고민하지 마. 그리고 명심해. 네가 살아가는 동안 겪는 그 모든 일들은 전부 네 힘으로 어찌할 수 없는 일이었다는 것을. 그리고 잊지 마. 시작된 모든 일에는 끝이 있어."

감당하지 못할 빚더미

처음 이 글을 쓰기 시작했을 때는 삼풍으로 입은 사고를 꽤 가볍게 여겼다. 정신과 의사도, 평소에 친하게 지내는 수녀님도 트라우마가 그렇게 간단한 게 아니라며 한사코 말렸지만 그들의 충고를 귀담아듣지 않았다. 20년도 더 된 이야기를 하는데 얼마나 힘들겠나 싶었다. 한데 막상 글을 쓰다 보니, 완전히 잊었다고 생각했던 그날의 기억이 너무도 선명하게 떠올랐다. 잊고 지낼 때는 몰랐는데, 기억하려고 드니 그날의 습도, 온도, 사이렌 소리, 피비린내, 회색빛 먼지 구름까지 전부 어제 일처럼 또렷하다. 그리고 더 힘들었던 것은, 끔찍한 사고 현장에 계속 머물며 적절한 단어나 문장을 찾아내야 하는 일이었다. 대단히 고통스러웠다. 매일같이 시공간을 초월해 1995년 6월 29일의 서초동으로 되돌아가는 기분이었다.

그러다가 다시 아프기 시작했다. 말이 나와서 하는 말인데, 생각보다 많은 사람이 마음 아픈 것에 대해 잘 모른다. 주변 사람들에게 내가 정신과 치료를 받고 있다고 하면 열에 아홉은 이렇게 충고한다.

"마음 굳세게 먹어. 약에 의지해서 좋을 것 없어. 운동을 해. 그러면 좋아질 거야."

물론 저렇게 해서 좋아지는 사람도 있겠지, 그러니까 하는 말이겠지. 하지만 불행히도 나는 아니다. 입장 바꾸어서 생각해보자. 이가 아프면 마음 굳세게 먹고 약에 의지하지 않고 운동해서 해결할 것인가? 해서 가끔 생각한다. 어째서 사람들은 내 찢어진 영혼을 충치보다 못하다고 생각하는 거냐고.

일단 불안 장애 증상이 시작되면 몇 날 며칠 불면의 밤이 이어진다. 이럴 때면 불을 끄고 누워도 누군가 머릿속에 눈부시게 환한 전등을 밤새 켜놓은 것 같다. 상황이 이러니 잠이 올 리 없다. 게다가 한번 불면이 시작되면 짧게는 사나흘 길게는 열흘 이상 간다. 그러면 일상생활이 걷잡을 수 없이 파괴된다. 이런 상태가 지속되면 우울증도 심해져 매사에 무기력해지고 집중력이 떨어지기에 도무지 어떤 일도 제대로 할 수 없는 상태가 된다. 그러다가 그 감정이 최고에 달하면, 정말이지 가슴이 곧 터질 것처럼 숨이 막히고 답답해진다. 하지만 다행히 이런 일이 자주 일어나지는 않는다. 평소에 약 잘 먹고 감정 관리를 잘하면 제법 지낼 만하다. 한데 어쩌다가 스트레스 관리를 하지 못하면 약을 먹어도 잠들지 못하는 날들이 이어진다.

그나마 당시에 다니던 회사가 사람을 우선시하는 분위기였기에 오랜 세월 이렇게 들쭉날쭉 아파서 연차를 길게 써도, 돌발적으로 휴가를 내도, 병가로 휴직을 신청해도 배려받을 수 있었다. 그간 내가 모신 팀장들이 하나같이 내 병을 먼저 걱정해주는 분들이었기에 가능한 일이었다. 덕분에 나도 가끔 놀랄 만큼 한 회사를 오래 다닐 수 있었다.

하지만 딴지일보에 막 글을 연재하기 시작했을 무렵 나는 정서적으로 약해질 대로 약해진 데다, 개인적인 일로 쇼크를 겪어 또 한참이나 널뛰는 날들을 보냈다. 그로 인해 내 체중은 또다시 한 달 새에 10킬로그램 넘게 빠졌고, 마치 치매 환자처럼 집에 가는 길을 잊어버려 집을 코앞에 두고 동네를 혼자 뱅글뱅글 도는 일을 반복했다. 그러던 어느 날 평소처럼 외근을 나가려고 운전대를 잡았는데, 때마침 법원에서 온 개인회생 관련 문자 한 통을 받았고 그 때문에 손이 떨리고 심박수가 올라가고 호흡이 가빠지는 패닉 상태에 빠지고 말았다.

실은 이로부터 꽤 오래전에, 어쩌다 작은오빠 사업에 엮여 금전적으로 적지 않은 손해를 보았고, 일순간에 가진 돈도 전부 잃고 감당하지 못할 빚더미에 앉게 되었다. 그러다가 끝내 불어난 빚을 어찌하지 못해 신용 불량 상태까지 갔고 급기야 법원의 도움으로 개인회생을 했다. 그런데 갑자기 다니던 회사 근무지가 용인에서 서울로 바뀌면서 이전 근무지에서 제공받던 회사 기숙사를 더는 사용하지 못하게 되었고, 그 후 서울로 이사를 가면서 정말 부득이하게 법원에 매달 납부해야 하는 변제금을 제때 납부하지 못했다.

서울로 이사 오자마자 제일 먼저 다시 서울회생법원에 개인회생을 신청했다. 하지만 그날 법무사를 통해 통보받은 최종 변제금에는 내가 여태 열심히 갚은 금액이 전혀 반영되어 있지 않았다. 이전에 수원지방법원은 내게 5년간 1억이 훨씬 넘는 돈을 배상하라고 했고, 이에 나는 3년 반이라는 시간 동안 매달 착실히 돈을 갚아 최종 변제금에 약 80퍼센트를 변제한 상황이었다. 그런데 서울회생법원에서는 저간의 사정을 전부 무시하고, 또다시 3년간 1억을 갚으라는 결정을 내린 것이었다(최근에는 법이 개정되어 개인회생 기간이 5년에서 3년으로 조정되었다).

물론 이런 판결이 난 배경에는 스무 군데가 넘는 내 채권자가 법원에서 제안한 채무 변제 조정안에 합의를 해주지 않은 게 근본적인 원인이었다. 당시 채권자들은 애초에 돈을 빌린 시중 은행이 아니라, 내가 신용불량이던 시절에 내 채권을 사들인 제2, 제3금융 채권단이었다. 그들은 내 사정 같은 것을 봐줄 생각이 눈곱만큼도 없었다. 그들의 눈에 나라는 채무자는 다른 채무자들에 비해 안정된 직장에 다니고 있기에 채권 회수 가능성이 매우 높은 사람으로 보였을 뿐이다. 해서 이들은 법원에서 제안한 채무 변제 조정안에 동의하지 않고 도리어 자신들이 원하는 금액을 법원으로부터 받아낸 것이었다.

이 소식에 충격을 받은 나는 쇼크 상태가 심해져 어쩔 수 없이 병원으로 달려가 신경안정제 처방을 받았다. 일단 놀란 가슴을 진정시키려고 약을 한 봉지 먹고 출발했는데, 돌아오는 길에 긴장되었던 몸이 갑자기 이완되기 시작했다. 이 때문에 그날 회사까지 채 도달하지 못하고 도로 중간에 빠져 집에 와 잠깐 쉬어야 했다. 하필이면 그날 오후 때마침 어려서부터 나를 예뻐해주시던 숙모의 부고까지 전해 들었다. 그 순간 머릿속에서 그나마 희미하게 존재하던 이성의 끈이 탁

하고 끊어지는 소리가 났다. 외숙모의 부고를 듣자, 그때까지 겨우 억누르고 살던 죽음에 대한 충동이 또다시 미친 듯이 일었던 것이다. 당시 내 머릿속에는 이 지긋지긋한 빚의 굴레를 벗어나는 가장 확실한 방법은 오로지 죽음밖에 없다는 생각만 들어 있었다.

왜 아니었겠는가. 텔레비전에서 연예인들이 파산했다가 재기하는 모습을 너무 쉽게 보여주니까 마치 마음만 먹으면 누구나 신용불량이나 파산을 할 수 있는 것처럼 생각하는데, 실은 전혀 그렇지 않다. 내가 알기로 개인회생이나 파산면책을 끝까지 수행하는 사람은 열에 하나도 되지 않는다. 게다가 모르면 몰라서 다시 하겠지만 지난 3년 반이라는 세월 동안 개인회생을 하며 얼마나 고생했는데, 그 고생을 또다시 하라는 말인가. 당시 내게 떨어진 월 상환액은 서울 사는 월세 세입자가 근로소득만으로는 납부하기 힘든 비현실적인 금액이었다. 해서 앓아누웠다. 그렇게 일단 방바닥에 들러붙은 나는 이제 어쩌면 좋은가, 이를 어찌해야 하나 생각하다가, 그저 눈앞의 현실을 잊고자 자꾸만 수면제를 뜯어 먹고 자버렸다. 그러다 눈을 뜨면 다시 수면제를 먹고 자다가 또 눈을 뜨면 이번엔 진정제를 먹었다. 그렇게 나는 하룻밤 사이에 거의 도합 열흘 치 이상의 약을 뜯어 먹었다.

다음 날 새벽에 갑자기 정신이 들었다. 그러고 보니 팀장께 업무 보고도 제대로 하지 않고 근무지를 이탈했으며, 심지어 업무용 차까지 아직 우리 집 주차장에 있다는 생각이 들었기 때문이다. 해서 그 정신에 새벽에 일어나 잠옷 위에 카디건 하나만 걸치고 회사로 차를 몰고 갔고, 회사에 거의 다 도착해서는 주차장에서 가드레일을 들이받는 충돌 사고를 냈다. 그러고는 다시 집에 와 팀장께 장례식장에 가야 한다고 보고하고는 전날 너무 많이 먹은 약기운에 취하는 바람에 장례식장에는 가보지도 못하고 이틀 내리 잠만 잤다.

며칠 뒤 블라인드라는 익명 게시판에 이런 식의 글이 올라와 있었다. "만취 상태로 업무용 차를 끌고 새벽에 주차장으로 들어와 사고를 내고도 반성도 안 하고 뻔뻔하다." 그 글에는 순간 100개가 넘는 댓글이 달렸다. "원래 개념 없기로 유명하고 근태도 엉망인데 (성적인 이야기는 생략하겠다) 윗사람들이 봐준다"라는 내용들이었다.

블라인드에 평소 내 행실에 대해 연이어 쭉 올라온 폭로 글들은 읽으면서도 너무 어이가 없어서 기가 찼다. 그리고 생각했다. '말이라는 게 이렇게 무서운 거구나.'

타인에게 욕먹는 일

그러고 보니 한동안 세상인심이 어떻게 변해가는 줄 전혀 모르고 지냈다. 그저 회사란 모름지기 자신에게 주어진 일만 잘하면 되는 곳이라고 생각했다. 그런데 최근 몇 년 사이에 조직문화가 빠르게 변했고, 경기 불황이 길어지고 청년실업률이 증가하면서 내 일자리의 가치도 올라갔는데 나는 그 사실을 눈치채지 못했다. 그들의 눈에는 실력도 없이 비정규직으로 어영부영 입사해 한자리를 떡하니 차지하고 있는 나는 언제라도 뽑아버려야 마땅할 눈엣가시처럼 보였던 것이다.

또 이 무렵 신자유주의 정부 아래서 교육받은 밀레니얼들은 까라면 까던 이전 세대와 다르게 불이익과 불평등에 민감하게 반응했고, SNS를 이용해 적극적이고 즉각적으로 본인들의 요구사항과 불만을 표현했다. 물론 거시적으로는 바람직하고 건강한 변화라고 생각하지만 지극히 개인적인 입장에서는 결코 달갑지 않은 변화였다. 내 이야기들을 블라인드에 쏟아낸 이들이 바로 그들이었기 때문이다.

게다가 애초에 그들에게 내 이야기를 악의적인 의도로 전달한 이들은 이미 오래전에 나와 관계가 틀어진 사람들이었다. 그러니 그들 입에서 고운 말이 나왔을 리 있나. 어찌 보면 당연한 결과였다. 그리고 나는 이 가드레일 충돌 사고가 끝까지 나를 이토록 괴롭힐 줄 몰랐다. 인사팀을 통해 그간의 논란에 대해 시시비비를 가리면 마무리될 일이라고 믿었다. 하지만 내 예상은 완벽하게 빗나갔다. 그들은 내가 그 조직에서 없어질 때까지 나를 괴롭혔다.

물론 이제 와서 이 일을 남 탓으로 돌릴 생각은 없다. 이 일은 이제 와 누가 다시 묻는대도 백번이고 천 번이고 내 잘못이다. 아무리 사적으로 힘들었다고 해도 회사에 누를 끼치면 안 되는 거였다. 공은 공이고 사는 사다.

그들이 말하는 대로 조직생활을 하는 내내 그룹 내 임원분들 사이에서 평판이 좋았던 것도 사실이다. 그런데 이는 내가 다른 의도를 가졌거나 정치적 계산하에 한 행동은 아니다. 이것은 무의식에 각인된 생존 본능 덕분이다. 어린 시절 내내 불안한 환경에서 자랐기에, 다른 것은 몰라도 평범한 가정에서 자란 사람보다 분위기를 파악하는 기질이 탁월한 것뿐이다. 까딱 잘못하면 맞아 죽을 수도 있는 환경에서 자랐기에 어려서부터 권력자의 마음을 읽는 데 능했다. 해서 회사에 다닐 때도 윗사람의 기분이 좋지 않으면 심사에 거슬리지 않기 위해 최소한으로 행동했다. 이것을 뭐라고 설명하면 좋을까. 불행에 대한 보상이라고 해야 할까?

그 결과 조직생활하는 동안 뜻하지 않게 웃어른들의 예쁨을 받은 것도 사실이지만 그 능력 덕분에 권력자가 부재할 때는 언제라도 또래 집단으로부터 린치를 당했다. 생각해보니 나 같아도 싫다. 부모가 편애하는 딸, 선생이 특별히 예뻐하는 친구, 팀장이 끼고도는 직장동료. 하지만 그간 나 때문에 배제되는 이들의 상실감을 한 번도 헤아려본 적이 없었다. 그러니 결과적으로는 내 눈을 내가 찔렀다고 할 수밖에.

그날 사고 이야기로 다시 돌아오면, 당시 내 상황이 어떠했는지 이미 알고 계셨던 팀장과 본부장께서는 지극히 선한 마음으로 그 일을 당신들 선에서 덮어주려고 했다. 왜냐하면 그간 개인회생 서류를 만들 때, 병원에 갈 때, 다른 사람들은 몰라도 담당 팀장과 본부장에게는 늘 보고해야 했기에 내 사정을 알고 계셨고, 그분들은 평소와 다르게 끝없이 추락하는 나를 진심으로 안타까워했기 때문이다. 해서 본인들이 사내에서 욕을 조금 듣더라도 내가 일으킨 사고를 더는 공론화시키지 말자고 내부적으로 합의를 한 모양이었다.

결과적으로 그 결정은 상황을 더욱 악화시키고 말았다. 소식을 들은 한 관계자가 이 사실을 여기저기 외부에 알리고 다녔고, 이로 인해 내 사건은 각종 단톡방과 사내 메신저를 통해 빠르게 확산되었다. 그 과정에서 또 누군가 블라인드 게시물로 나를 특정해서 저격하는 글을 올리며 '특혜 시비'를 공론화했다. 그러자 많은 이들이 우르르 몰려와 평소 내 행실을 부풀려서 줄줄 써나가기 시작했고 이전까지 꽤 유명 인사였던 내 이야기는 블라인드 역사상 유래없는 조회수를 찍었다.

집에 와 불을 끄고 누워 가만히 그 글들을 보고 있자니 만감이 교차했다. 나조차도 블라인드 속의 내가 천하에 둘도 없는 나쁜 년처럼 느껴졌기 때문이다.

이후 게시물의 진위 여부를 가리기 위해 두 달이 넘는 기간 동안 사측의 강도 높은 진상조사에 응했고, 그 결과 회사로부터 정직 5일의 징계를 받았다. 하지만 그 후에도 사내에서 내 평판은 걷잡을 수 없이 나빠졌고, 이 일을 끝내 극복하지 못한 나는 그로부터 1년 뒤에 장장 20년이나 다닌 회사를 퇴사해야 했다.

그리고 마지막 직장생활 1년 동안 철저하게 조직에서 따돌려졌다. 이로 인해 나이 마흔을 넘겨 다수의 반대편에서 소수자로 산다는 게 어떤 기분인지 미약하게나마 알게 되었다. 타인의 혐오 어린 시선, 경멸 가득한 눈빛, 회의 중에 대놓고 받던 비웃음, 거부당하고 무시당하는 일, 남들 보는 데서 보란 듯이 따돌려지는 일, 그 때문에 혼자 점심을 먹어야하는 일, 그러다 끝내 굶어야 하는 일들을 겪으며 전에는 모르고 살던 새로운 사실을 하나 깨달았다. 그것은 바로 누구나 아주 편하고 쉽게 타인에게 상처 줄 수 있다는 것이었다.

이 일을 겪기 전까지는 나를 잘 모르는 사람들이 하는 말이 나를 해칠 수 있다고 전혀 생각지 못했다. 언제나 근거 없이 떠드는 말들, 하라는 일은 안 하고 모여서 남 이야기나 하는 곱지 않은 시선들을 보면 '떠드는 네 입만 아프지 내 귀는 안 아프다' 하며 대수롭지 않게 여기고 살았다. 하지만 천만에. 사람들에게 욕먹는 일은 생각보다 처참했다. 해서 감히 댈 것은 아니지만 사회에서 끝끝내 구성원으로 제대로 인정받지 못하고 존엄성에 치명상을 입어 비극적으로 생을 마친여러 안타까운 생명과, 설리나 구하라처럼 악플 때문에 자살

하는 연예인들의 심정까지 다는 아닐지라도 어느 정도 헤아릴 수 있게 되었다. 정말이지 장담하는데, 아무리 마음에 철갑을 두른 사람이라도 나에 대한 증오와 혐오가 가득한 시선 속에 살다보면 악마에게 영혼을 팔아서라도 그 자리를 빠져나가고 싶을 것이다.

그 후 이 일은 내 인생을 여러모로 바꾸어놓았다. 일단 생에 처음으로 실업급여를 받았고, 지난 20년간 25일이면 따박따박 정확하게 통장에 와 찍히던 고정수입이 사라졌다. 물론 비정기적으로 글을 기고해 겨우겨우 입에 풀칠은 하지만, 이전의 삶과는 아주 철저히 괴리된 세상에서 살고 있다.

그리고 더는 어디서도 일할 상황이 되지 않는다. 이때 일로 기존의 정신병에 대인기피까지 더해지는 바람에 아무리 작은 회사라도 남과 함께하는 일을 더는 하지 못하는 신세가 되어버렸기 때문이다.

이 무렵 겪었던 일들이 특히 가슴 아프게 느껴졌던 까닭은, 한평생 지옥에서 살아왔음에도 세상은 따뜻하다고, 악하고 못된 사람들이 열심히 살아서 그렇지 알고 보면 선하고 따뜻한 사람들이 많다고 말하고 다녔던 내가, 이 일을 통해 그렇지 않았다는 것을, 사람들은 쉽게 마녀사냥을 한다는 끔찍한 현실을 스스로 인정해야 했기 때문이다.

물론 이 말을 하는 나 역시 많은 순간 누군가에게는 가해자였으리라. 그 사실을 확인하고 나니 가만히 있어도 입이 썼다. 맞다. 우리 모두는 피해자이기도 하고 가해자이기도 하다. 그리고 그때 심정은 마치 누군가 내 머리채를 휘어잡으며 "어때? 너 아직도 세상에 희망이 있다고 말하고 다닐 수 있어?" 하는 것 같았다. 그간 나름 불행에는 '도가 텄다'고 생각했는데 착각이었다. 그건 그거고 이건 이거였다.

불행을 맞이하는 법

아버지가 돌아가신 이후, 스무 살에 미술학원 친구들한테 담배를 배웠다. 그도 그럴 게 어려서부터 주위 어른들이 항상 속상한 일이 생기면 먼저 담배부터 찾는 모습을 보아왔기 때문이다. 아픈 엄마 대신 나를 돌보아주던 할머니도 노상 깊은 한숨 끝에 담배를 찾았고, 아빠도 마찬가지였다. 그 때문에 나 역시 어려서는 속상한 일이 있으면 꼭 담배를 피워야 하는 줄 알았다. 한데 막상 담배를 접해보니 보통 일이 아니었다. 멀쩡하던 하늘도 빙글빙글 돌고 눈도 맵고 코도 맵고, 매캐한 연기에 콜록콜록 기침까지 났다. 이런 내 모습을 본 친구들이 배를 잡고 웃었다. 어린 마음에 그게 왜 그렇게 싫던지. 해서 기를 쓰고 담배를 배워 그 후로 한참을 피웠다.

그렇게 오랜 세월 담배를 피우다 끊기를 반복했다. 처음 담배를 배우던 시절에만 해도 흡연자에 대한 사회적 제약이 적었기에 술집에서도 피시방에서도 다들 자연스럽게 담배를 입에 물었고 나 역시 이런 데 가면 마음껏 흡연자 행세를 했다. 하지만 상황이 여의치 않으면 굳이 담배를 찾지는 않았다. 예를 들어 회사에 있는 동안에는 담배 근처에도 가지도 않다가 사적으로 편한 모임에서는 담배를 입에 물었다. 아마 사는 동안 별일이 없었다면 그 후로도 꽤 오래 담배를 피웠을 것 같다.

한데 뜻밖의 계기로 담배를 끊었다. 바로 돈 때문이었다. 개인회생하던 당시 나는 다달이 받는 월급에서 기초수급비에 준하는 돈만 빼고 나머지 금액을 전부 법원에 보내야 하는 처지였다. 상황이 상황이다 보니 담배가 뭔가, 담배 할아버지라도 끊어야 할 판이었다. 게다가 그 쥐꼬리만 한 돈에서 또다시 엄마 병원비에 생활비까지 혼자 감당해야 했기에 당시 생활은 말도 못 하게 힘들었다.

개인회생이 시작되었을 때 갑자기 거의 모든 지출을 줄여야 했다. 제일 먼저 그간 각종 재단으로 보내던 후원금과 보험을 정리했다. 그리고 요가나 스키 같은 취미생활도 전부 그만두었다. 쇼핑은 두말하면 입 아프다. 한데 이게 말이 쉽지, 점심도 밖에서 사 먹어야 하는 급여생활자가 80만 원으로 한 달을 살기는 여간 힘든 일이 아니었다. 주변에서도 개인회생하는 사람들은 다들 두세 가지 일을 병행한다. 당시 다니던 회사는 투잡을 허용하지 않았다. 그러니 어쩌랴. 무식하게 허리띠를 졸라매는 수밖에. 그나마 불행 중 다행으로 당시 다니던 회사에서 기숙사를 제공받았기에 주거비에 대한 고정 지출이 들지 않았고, 또 1년에 한 번이지만 연말에 연차수당이나 인센티브가 나왔기에 어느 정도 숨통은 트고 살 수 있었다. 해서 3년 반 동안 한 번도 밀리지 않고 법원에 납부해야 하는 변제금을 잘 갚아나갔다. 물론 이후에 사정이 생겨 끝까지 변제하지 못하긴 했지만.

그런데 무슨 자존심이었을까. 나는 이 일을 회사 사람들에게 감추려 애썼다. 이 사실을 누가 알까 싶어 전전긍긍했다. 글쎄, 그 마음을 뭐라고 표현하면 좋을까. 말하자면 이런 것이다. 나 혼자 슈퍼마켓에 가서 물건 뒷면에 붙은 가격표를 오래도록 들여다보는 것은 할 수 있어도, 어쩌다 서넛이 어울려 기분 좋게 먹은 저녁에 식사 값을 내게 될까 봐 불안해하는 모습만큼은 남들에게 보이고 싶지 않은 기분 말이다.

하지만 내 주머니 사정 같은 것을 알지 못하는 같은 팀 동료들은 내가 자신들을 무시해서 함께 어울리지 않는다고 생각했다. 그때는 단지 마음에 여유가 없어 그 누구 하고도 어울리고 싶지 않았던 것뿐인데, 그들은 내가 일부러 그렇게 행동한다고 믿었다. 오해다. 나는 꽤 오래도록 내가 술값을 내야 하는 자리에 가지 않았다. 하지만 이제 와 생각해보면 결국 이렇게 온 세상에 다 까발려질 거 처음부터 주변 사람들에게 솔직하게 말하고 마음 편히 지내는 편이 나았나 싶은 생각도 든다.

아니, 아무리 생각해도 그건 아닌 것 같다. 설령 내가 그들에게 속사정을 말한다고 해도 이미 나를 미워하고 있는 이들이 그 말을 곧이곧대로 믿어주었을 리 만무하고, 아마 나 역시 타임머신을 타고 그때 그 시절로 다시 돌아간다고 해도 절대 이 이야기만큼은 함부로 남 앞에 꺼내지 못할 것이다. 예나 지금이나 무슨 수를 써서라도 끝까지 지키고 싶은 건 자존심뿐이니까.

그러던 어느 날 아침, 이모한테서 다급하게 전화 한 통이 왔다. 너희 엄마가 지금 발목이 조각조각 부러져 어젯밤 청주에 있는 성모병원에 입원했는데, 수술비가 무섭다고 수술 안 하겠다며 입을 꾹 닫고 버티고 있다고 말이다. 그 이야기를 듣는데 그야말로 머릿속이 새하얘졌다. 당장 아픈 엄마도 엄마지만 일단 수중에 돈 만 원 한 장 따로 없는 처지였기 때문이다. 전화를 끊고 또다시 연락처 목록을 주위 깊게 살펴 몇몇 친구에게 돈을 빌렸다. 그러고는 단숨에 청주로 달려가 병원 로비에서 현금을 뽑아, 돈 봉투를 엄마 침대맡에 던지며 '돈 구했으니 걱정하지 말고 당장 수술하라'고 말했다.

엄마는 내 쪽으로 고개도 돌리지 못하고 벽을 보며 하염없이 눈물만 흘렸다. 나중에 이모한테 들으니 엄마는 내가 고생하고 사는 거 뻔히 아는데, 괜히 나가 돌아다니다 다쳐 내 돈을 쓰는 게 너무 염치없었다고 한다. 다행히 그때 주변의 도움으로 엄마의 발목 수술은 잘 끝났지만 병원비를 계산할 때 엄마가 그 힘든 수술을 받으면서도 한 푼이라도 아끼기 위해 무통주사를 거부했다는 사실을 알게 되었다. 그 사실이 너무 사무쳐 서울로 돌아오는 동안 소리도 내지 못하고 울었다.

그제야 나는 가난의 본질을 마주했다. 그러니까 가난이라는 것은, 먹고 싶은 것을 먹지 못하고, 하고 싶은 것을 하지 못하는 게 아니라, 아프고 두렵고 무서운 것까지 참고 이를 악물고 버티는 것이다. 이것이 가난의 진짜 얼굴이었다.

그로부터 얼마 후 불행 중 다행으로 엄마를 구청에 기초수급대상자로 올릴 수 있었고, 그 후로는 다달이 엄마에게 보내던 생활비를 줄이게 되어 그나마 또 전보다는 여유를 찾았다. 없던 여유가 생기니 얼마나 좋던지. 그때부터 엄마에게 보내던 돈 가운데 일부를 모아 당시 봉사 다니던 보육원인 성심원 아이들에게 쓰기 시작했다. 다만 얼마라도 아꼈다가 아이들이 좋아하는 딸기나 장난감을 사 가면 기분이 그렇게 좋을 수 없었다.

물론 지금이라고 해서 내 경제적인 여건이 달라지지는 않았다. 하지만 이제 더는 그때처럼 누가 내 초라한 지갑 사정을 알까 싶어 전전긍긍하며 살지 않을 정도는 된다. 그것만으로도 살 것 같다. 또 이런 일을 겪으며 얻은 것도 있다. 일단 이 일로 인해 끊기 힘들다던 담배도 단번에 끊었다. 게다가 이때부터 돈이 얼마나 귀한지 알게 되었다. 그리고 이 시기 동안 원 없이 보육원에서 지낼 수 있었다. 돈 없고 시간 많은 직장인에게 늘 손이 부족한 보육원은 그 많은 주말을 한방에 날려 보낼 수 있는 최적의 장소였기 때문이다. 그뿐인가. 그 시절에 나는 수녀님들을 따라 산으로 들로 다니며 책에서 배우지 못한 자연의 이치도 많이 배울 수 있었기에 그곳에 가기를 정말 좋아했다.

그리고 이 점이 가장 중요한데, 그 시절을 보내며 더는 세상과 맞서지 않는 사람이 되었다. 드디어 불행이 주는 여파를 최소한으로 받아치는 방법을 터득하게 되었다는 의미다. 별것 아니다. 이미 다들 알고 있는 방법이다. 그냥 어느 날 불행한 통지를 받으면 해결책이 떠오를 때까지 그 통지서를 방 한구석에 처박아놓고 계속해서 일상을 유지하는 것이다. 그러다 보면 어떤 일은 쉽게, 또 어떤 일은 고단하고 어렵게 결국은 전부 해결되었다. 그렇다. 어른들의 세계에서 일어나는 일의 대부분은 머리 싸매고 누워 사흘 밤낮을 앓는다고 해도 절로 해결되지 않는다. 그러니 현관 앞에 아무리 커다란 불행의 박스가 놓여 있다고 해도 정신 똑바로 차리고 행동해야 한다. 박스를 열어보기도 전에 낙담하지도 말아야 하고, 아무런 준비 없이 박스를 열어서도 안 된다. 어른들 말씀처럼 살아만 있으면 다 어떻게든 살아지는 게 인생이니까. 굳세게 마음먹고 불행을 맞이해야 한다.

그러고 보면 원인 없는 결과는 없다고, 나라는 사람의 재무제표가 이렇게까지 나빠진 것도 다 내 잘못이다. 오랜 세월 돈 문제를 너무 우습게 생각했던 날들의 벌금을 뒤늦게 청구받은 것뿐이다. 그러니 이제라도 정신을 바짝 차리고 살아야겠다. 나는 "황금 보기를 돌같이 하라"던 최영 장군이 아니다. 앞으로 황금은 돌이 아니라 돈으로 보아야 한다.

그럼에도 그 시절의 기억 때문에, 다른 건 몰라도 오랜만에 만난 친구에게서 듣는 좋은 거 먹으러 가자는 그 소리가 마냥 반갑지 않고 지갑 사정부터 헤아릴까 싶어 좀 걱정스러웠다. 언제 한번은 이 이야기를 수녀님께 했더니 "그럼 주님께 기도해. 아마 들어주실 거야"라는 말을 들었다. 과연 기도가 통했을까. 희한하게 그날 이후로 여태 좋아하는 사람들을 만나러 가는데 돈 때문에 고민해본 적은 없다. 오죽하면 요즘 수녀님께 이런 말을 다 했을까.

"수녀님, 주님께서 이렇게나 제 기도를 잘 들어주실 줄 알았으면 그때 조금 더 크게 부를 걸 그랬어요."

요즘은 전보다 돈 욕심이 조금 더 생겼다. 무슨 대단한 이유가 따로 있는 것은 아니고 지금보다 돈을 더 벌면 꼭 하고 싶은 일이 생겼기 때문이다. 바로 형편이 어려운 집 아이들을 도와주고 싶어서다. 생각해보니 경제적으로 어려움을 겪는 어른들이야 어찌되었든 과거 자신들의 잘못된 결정들에 대해 책임지는 것이지만, 그런 집에서 나고 자라는 아이들은 무슨 죄인가. 그래서 나는 앞으로 여유가 생기면 형편이 어려운 집 아이들, 그중에서도 한참 예민할 시기인 10대 아이들을 찾아 도움을 주고 싶다. 급식비 지원 같은 것 말고, 최신 휴대전화나 값비싼 브랜드 운동화 같은 사치나 허영의 영역에 가까운 선물을 쥐어주고 싶다. 실제로 가난을 겪어보니,

끼니를 대충 때우는 것보다 더 참기 힘든 게 자존심 상하는 일이었기 때문이다.

고단해도, 살아야겠다

몸은 생각보다 더디 낫는다. '오늘은 좀 낫다' 싶다가도 내일이 되면 또 아니다. 몸도 몸이지만 마음도 마찬가지다. 다치면 오래간다. 내 상태도 그렇다. 상황에 따라 상태가 좋아지거나 나빠질 뿐, 완치에 대한 희망은 접은 지 오래다. 생애 초반에 엄청난 경험을 한 후, 한참을 마치 제삿날을 미리 받아놓은 사람처럼 살았다.

희한하게도 감정의 파고가 하루에도 열두 번씩 하늘과 땅을 넘나들던 시절이 지나가더니 서서히 그 마음이 딱딱하게 굳어가기 시작했다. 그러더니 끝내는 나와 상관없는 남의 마음은 하나도 궁금하지 않은 상태가 되어버렸다. 해서 그 시절의 나는 〈인간극장〉이나 〈아침마당〉 같은 휴먼 다큐멘터리를 아예 보지 않았다. 남들은 그런 프로그램을 보면서 그렇게나 운다는데, 나는 모르는 사람 이야기가 하나도 슬프지 않았다.

이런 현상을 그리 심각하게 받아들이지 않았다. 그냥 나이를 먹고 어른이 되면 자연스레 다들 이렇게 사는 줄 알았다. 한데 아니었다. 알고 보니 당시에 내가 겪은 정서적 무감각 상태는 외상 후 스트레스 장애 증상 가운데 하나였다. 영어로는 Long Term PTSD Long Term Post Traumatic Stress Disorder 라고 하는데, 사고 이후 트라우마 증세가 즉각 발현하지 않고 얼마간의 시간이 지난 후 찾아오는 장애를 일컫는다. 그러니까 한마디로 말해 그때 나는 그냥 아픈 상태였다.

감정의 동요가 없다 보니 인생이 따분하고 권태롭게 느껴지기 시작했다. 그때부터 종종 자해를 했다. 글쎄, 왜 그랬을까. 사는 게 너무 따분하고 언제 또 죽음이 나를 삼켜버릴지 모르는데 이 마음을 건강하게 풀어낼 방법을 모르니 그냥 나를 수시로 괴롭혔던 것이다. 덕분에 우리 집은 매일매일 비상이었다. 엄마는 내 소식을 뉴스로 보게 될까 봐 한동안 텔레비전을 틀기가 무서웠다고 했고, 모르는 전화가 오면 덜컥 심장부터 내려앉았다고 한다. 오빠는 또 오빠대로 내가 어쩌다가 전화를 받지 않으면 무슨 일이 생겼나 하는 마음에 일하다 말고 쫓아오고, 통화하는 중에 내 목소리에 힘이 없으면 혹시 또 사고 칠까 싶어 달려왔다. 직장도 가정도 따로 있는 사람이 그때는 허구한 날 나 때문에 우리 집으로 내달렸다.

그러던 어느 날이었다. 작은오빠가 나를 찾아와 피곤하고 충혈된 눈으로 말했다. 제발 이러지 말라고, 너까지 죽어버리면 자기 진짜 못 산다고. 그때 그 간절한 부탁을 들으면서도 속으로 그랬다.

'아니야, 오빠. 시간이 지나면 괜찮아져. 잠깐이면 돼. 오빠도 이제 아빠 죽은 일로 더는 울지 않잖아.'

쉽게 말해 나는 그때 머리끝부터 발끝까지 깊은 우울의 바다에 잠겨 있어 물 밖에서 사람들이 외치는 소리가 제대로 들리지 않았던 것이다.

그러던 중에 우연히 텔레비전에서 〈출가 그 후〉라는 다큐멘터리를 보게 되었다. 평소에는 이런 프로그램을 절대 보지 않는데, 그날은 어쩐 일인지 끝까지 보았다. 〈출가 그 후〉는 10년 전 출가한 스님들의 일상을 보여주는 다큐멘터리. 영상을 보는 내내 어쩐지 묘한 기분이 들었다. 가진 것이라고는 무명의 법복 한 벌과 고무신 한 켤레가 전부인 스님들의 얼굴이, 종일 몸을 움직여 고된 농사를 지으면서도 웃음을 잃지 않는 맑고 빛나는 그 얼굴들이 세상에서 내가 아는 어느 누구보다 행복해 보였기 때문이다.

그때부터 틈날 때마다 전국 사찰과 기도 도량을 찾아다녔다. 그들이 알고 있는 행복의 비밀이 너무 궁금했기 때문이다. 다행히 시절 인연이 좋아, 우연히 기도 도량에서 합천 해인사, 청도 운문사 출신 스님들과 친해져 승가에 내려오는 불법도 큰 공 들이지 않고도 전해 들었다. 그들의 가르침은 간단했다. 이생에서 겪은 행과 불행은 (기억은 나지 않지만) 전생의 업과 연 때문이란다. 또 이생의 모든 일은 꿈이고 허상이고 물거품이니 욕망을 벗어던지고 지금 이 순간, 그러니까 '뜰 앞의 잣나무'에 집중하라고 한다. 절에서 듣는 이 모든 말이 좋았다. 그래서 틈만 나면 전국 각지에 있는 사찰과 암자를 찾아 절 수행을 하고, 불경을 읽고 썼다.

그렇게 몇 해를 보냈을까. 어느 날, 차가운 법당 마루에 이마를 대고 엎드려 있는데 어딘가에서 새벽 예불을 알리는 타종 소리가 들려왔고, 그때 갑자기 눈물 한 방울이 마룻바닥에 '툭' 하고 떨어졌다. 그러더니 가슴 깊은 데 맺혀 있던 뜨거운 눈물이 마구 치받쳐 올랐다.

그 자리에서 눈을 비벼가며 한참을 울고 나니, 신기하지? '더는 하루도 못 살겠다'던 마음이 연기처럼 사라지고 불현

듯 '아, 이제 나도 그냥 살아야겠다'는 생각이 들었다. 그리고 그때 깨달은 것이 하나 있었다. 어떤 일이든 그 일을 떠올리는 게 불편해 모른 척하고 산다고 해서, 그 일 자체가 없던 일이 되는 게 아니라는 사실이다. 내가 나를 속이면 사람들도 속고, 사람들을 속이면 온 세상을 속일 수 있을 것 같았는데, 아니었다. 아무리 인정하지 않으려 해도 제대로 받아들이지 않은 슬픔, 외면했던 고통은 끝끝내 마음에 탈 것으로 남아 계속해서 불을 지폈다.

이 무렵 또 나는 자신이 생각보다 무능하다는 사실을 깨달았다. 그러니까 한동안 내게 일어난 모든 행과 불행을 스스로 통제할 수 있을 것이라 믿었다. 큰 착각이었다. 그렇다. 내가 이 생에서 얻은 모든 것은 행운이고 잃은 것은 운명이었다. 애초에 나는 아무것도 아니었다. 이 생각을 하자 이후의 생에서는 잡다한 욕망들이 사라졌다.

하지만 최근에 글쓰기를 시작한 후, 오랜만에 욕심이 생겼다. 평소에는 '글로 밥 벌어먹을 생각 없으니 이만하면 되었다'라고 생각했는데, 요즘은 글을 더 잘 쓰고 싶어 자꾸만 욕심이 난다. 내가 겪은 사고 이후의 고통을 생생하게 잘 적어놓으면, 이를 모르고 살던 수많은 사람이 참사가 주는 비탄이 어떤 것인지 공감할 테고 그러면 건물이 되었든 배가 되었든 그 일을 하는 엔지니어들은 설계도면을 한 번이라도 더 볼 것 같다는 생각이 들어서다. 그렇게 되면 자연스레 시행사와 시공사도 안전 규정을 준수하고, 감리기관은 꼼꼼하게 관리 감독할 것이며, 해당 공무원은 인허가 기준을 확실히 세우고, 국가기관은 재난 대처방안에 대해 더욱더 많은 연구를 해 대응방안을 낼 테고, 사법부는 선례로 남을 피의자들의 판결을 지금보다 더 신중한 자세로 내릴 테니까. 그렇다면 정말 앞으로 세상이 조금이라도 안전해질 테니까. 잘하면 이를 통해 시민사회는 돈이 된다 해도 나쁜 일은 하지 말아야 하는 게 사람이고, 이 세상에 작업자의 목숨보다 비싼 기계는 없다는 것과, 사랑하는 이의 목숨은 돈 얼마에 결코 등가교환할 수 있는 게 아니라는 사실을 알게 될 테니까.

해서 남은 생애는 내가 할 수 있는 최선의 방법으로 아픈 사람들과 함께 걸으려 한다. 혼자 가는 길이 물론 편하고 좋겠지만, 여럿이 함께 걷는 일이 좀 고단하더라도 가치 있을 것 같다는 생각이 이제야 들었기 때문이다.

제2장

고통이 가져다준
선물들

내가 겪은 불행들이 너무도 선명해서,

행복도 불행처럼 어느 날 갑자기 창문을 깨고

안방으로 들이닥치는 것인 줄 알았다.

한데 행복은 생각만큼 대단한 게 아니었다.

그저 내가 사랑하는 사람들이 모두 죽거나 다치지 않은 상태,

다시 말해 여태 살아오면서 슬프지 않았던

모든 날이 전부 행복한 날들이었다.

혼자 만드는 천국은 없다

착한 짓은 권태롭고 나쁜 짓은 재미있다. 이는 세 살 먹은 아이들도 안다. 아이들이 노는 모습을 한번 가만히 보시길. 아이들은 블록을 쌓으면서 좋아하는 게 아니라 무너트리면서 기뻐한다. 하지만 아이들의 이런 행동을 함부로 '선하다, 악하다'라고 구분하는 것은 옳지 않다. 아이들은 그저 본능에 충실하게 사는 것뿐이다. 그들이 세상을 대하는 태도를 한번 보라. 아이들은 상대를 의심하지 않고 기꺼이 믿으며 진심으로 세상을 사랑한다.

왜 이 이야기를 꺼내는가 하면, 앞서 말했다시피 삼풍 사고 이후 내가 한참을 딱 세 살 먹은 아이처럼 살았기 때문이다. 병원에서 퇴원한 후에는 오로지 매일매일 내 욕망에 집중하며 살았다.

그렇다면 아이들처럼 세상을 사랑했을까? 아니, 불행히도 그렇지는 않았다. 사실 나는 꽤 오랜 기간 사랑이라는 감정을 몰랐다. 덕분에 언제나 보편적인 관계보다 불안한 관계를 선호했으며, 평범하고 따뜻한 사람보다 정서적으로 불안한 사람에게 호감을 느꼈다. 또 연인관계에서 서로의 마음을 확인하고 관계가 안정되면 마땅히 행복하다고 느껴야 했는데, 그때마다 나는 무기력과 맞먹는 권태를 맛보았다.

오랜 세월 이 불안한 감정들을 '사랑'이라 믿었다. 해서 한평생 그 같잖은 사랑, 내 사지는 지금 불구덩이에서 타들어가고 있는데, 고작 문 밖에서 힘내라고 소리나 쳐주는 그딴 마음 같은 거, 문 열고 들어와 내 얼굴에 시원하게 찬물 한잔 끼얹어주지 못하는 그 무능함, 그딴 거 필요 없다고 믿었다. 그렇다. 나는 오랜 세월 사랑을 아주 우습게 여겼다. 그뿐인가. 서로를 사랑하고 아끼며 사는 남의 인생마저 업신여겼다. 예컨대 부둣가에서 칼바람을 맞아가며 생선의 멱을 따고 내장을 도려내며 억척스레 사는 엄마들을 보면, 겉으로는 내색하지 않았지만 속으로는 늘 '왜 저러고 사나' 하는 생각에 혀를 찼다. 따지고 보면 순도 높은 불행의 지수는 내가 훨씬 높을 텐데, 그것도 모르고 늘 '내가 맞다. 내가 옳다'라는 생각에 빠져, 감히 나 따위가 그들의 행복한 생을 무시했다.

그들에게는 고된 일을 마치고 돌아갈 따뜻한 집이 있어, 품속을 파고드는 꼬물거리는 자식이 있어, 날이 차면 이불을 고쳐 덮어주는 남편이 있어 온종일 구정물에 손을 담가도 하나도 힘들지 않은데, 매일 밤이 새도록 홀로 차가운 방에서 산산이 부서진 영혼을 끌어안고 잠 못 들고 뒤척이는 나 따위가 감히 그들의 삶을 딱히 여긴 것이었다.

그러던 어느 날이었다. 나이 마흔을 앞두고 느닷없이 사랑을 배웠다. 다른 게 아니라, 용인에 있는 성심원이라는 보육원에서였다. 어쩌다 회사에서 단체로 자원봉사를 갔다가 그곳에서 부모 잃은 아이들을 업고 안았다. 그렇게 나는 꽤 오랜 시간 주말마다 아이들과 함께 어울리다가, 그 아이들을 덜컥 사랑하게 된 것이다. 살면서 여태 누구도 그립지 않았는데, 어쩐 일인지 아이들과 헤어지고 집에 와 누우면 두고 온 아이들이 자꾸만 눈에 밟혔고, 난생 처음으로 남의 마음이 제대로 궁금해졌다. 잠든 아이가 무슨 생각을 하는지, 어떤 꿈을 꾸는지, 어째서 한 숟가락만 더 먹자는 제안을 그토록 완강하게 거부하는지, 왜 우는지, 아직도 부모가 그리운지. 그 모든 게 궁금해지기 시작했다. 그러자 놀랍게도 그간 잊고 지내던 유년시절의 일들이 하나둘 떠오르기 시작했다. 함박눈이 내린 어느 날 밤, 온몸에 열꽃이 핀 나를 업고 병원으로 내달리느라 들썩이던 아버지의 한쪽 어깨가 생각났고, 나를 낳은 후 몸이 좋지 않아 외할머니 손에 나를 맡기면서 소매로 계속 눈가를 훔치던 젊은 시절의 엄마 얼굴도 떠올랐으며, 모두가 잠들기를 기다렸다가 자고 있던 나만 깨워 오밤중에 눈도 못 뜬 내 입에 계란과자를 밀어 넣던 할머니, 또 한여름 시골 할아버지네서 어렴풋이 잠에서 깬 나를 빙긋이 웃으며 바라보던 할아버지, 그 손에서 바삐 움직이던 대나무 빗살의 동그란 부채, 추운 겨울 이웃집 부엌에서 얻어먹었던 따끈한 보리차, 이 밖에도 수없이 많은 사람들의 목적 없는 그 깨끗하고 아름다운 선의들이 떠올랐다.

해서 결심했다. 나도 이 아이들에게 그렇게 해주자. 살면서 내가 받은 사랑을 녀석들에게 돌려주자. 하여 가능하면 많은 날, 가능하면 많은 시간을 아이들에게 쓰자고 다짐했다. 그 후로 꽤 오랜 시간 틈날 때마다 아이들을 찾았다. 그렇게 수많은 날 우는 아이들을 안아 들자 기적처럼 얼어붙은 마음이 녹기 시작했고, 그제야 세상이 온전하게 보였다. 훗날 내 속사정을 알게 된 수녀님께서 내 손을 꼭 잡고 이런 말씀을 하셨다.

"안 그래도 우리끼리 그랬어. 어째서 애들이 선민 씨를 그렇게 좋아하는지 모르겠다고 말이야. 애들이 어지간해서 낯선 사람을 잘 안 따르거든. 이제야 알겠다. 아이들도 선민 씨도 이 세상에 배신을 당한 거잖아. 그리고 그걸 서로 알아본 거야."

지금 앓고 있는 불안과 우울이 전부 '삼풍 사고'에서 비롯되었다고 생각하지 않는다. 하지만 그 일이 내게 이토록 영향을 미친 것은, 당시에 내가 그 사고를 통해 원 없이 망가질 수 있는 필요충분조건들을 전부 갖추고 있었기 때문이라 생각한다. 스무 살이라는 나이, 부상 정도, 사고 당시까지의 개인적인 경험, 유전적 성향이나 기질, 가치관까지. 이 모든 것들이 전부 맞아떨어졌기에 일어난 현상이라고 생각한다. 덕분에 이제 나는 그 일에 더는 억울하지 않다.

하지만 누군가 내게 만약 그 일이 아니었다고 해도 이만큼 오래 아팠을 것 같으냐고 묻는다면 그건 아니라고 단호하게 대답해줄 수 있다. 그렇다. 그런 일을 겪는다고 해서 누구나 나처럼 아프지는 않을 것이다. 허나 분명히 말할 수 있다. 1995년 6월 29일 이후로 내 세계관은 완벽하게 뒤바뀌었다고, 그런 이유에서 이 세상에 둘도 없는 악인이라 해도 나처럼 살기를 바라지 않는다고, 이런 슬픈 역사는 두 번 다시 우리 사회에서 되풀이되지 말아야 한다고.

전에 어디서 '천국에 가면 무엇을 배웠고 얼마나 사랑했는지 묻는다'는 글을 보았다. 천국에서 나를 초대한 것은 아니지만, 이 질문에 대해 미리 생각해보았다. 그랬더니 못 배운 사정이야 이래저래 핑계를 댈 여지가 있어 보이는데, 어떻게 된 게 사랑은 도무지 변명할 여지가 없어 보였다. 해서 앞으로의 생은 열심히 배우고, 기꺼이 사랑하며 살아야 한다.

애초에 나는 대단한 사람이 되고 싶지 않았다. 지금도 마찬가지다. 이생의 이 몸은 지금 이 자리에서 어느 한순간 소리 소문 없이 연기처럼 사라져도 좋다. 하지만 언젠가 나라는 불행한 존재가 사라질 때, 이 지구에서 내 물리적 크기만큼이라도 불행의 질량이 사라졌으면 좋겠다. 그것이 내 소원이다.

글을 쓰는 동안 어느 날은 잘해보고 싶고 어느 날은 도망치고 싶던 날들이 연속되었다. 하지만 처음부터 끝까지 세상에 하고 싶은 말은 일관되게 명확했다. 함부로 타인의 고통을 조롱하지 말라는 것과, 언제나 악한 것이 힘세고 빛나 보이지만 결국 선이 이긴다는 것, 그리고 사랑은 보기보다 힘이 세다는 것. 이것은 내가 이생에서 얻은 유일한 교훈이다. 왜냐하면 나를 다치게 한 것도 세상이지만, 나를 치유한 것도 세상이었기 때문이다. 그러니 우리 함께 이 세상을 잘 만들어갔으면 좋겠다. 혼자 만드는 천국은 세상 어디에도 없으니까.

벼랑 끝에서 붙잡혀버린 손

나부터 남의 행복한 이야기는 잘 듣지 않는다. 지루해서 싫다. 소설을 읽어도 영화를 보아도 장면마다 피와 살이 튀는 파멸의 서사만 찾는다. 그도 아니라면 몰입하기 좋은 이른바 '막장' 드라마만 본다. 이유는 간단하다. 타인의 비극을 보면 상대적으로 내 인생이 좀 평온하게 느껴지기 때문이다. 해서 하는 말인데, 이 글을 보며 위로받는다고 해서 나한테 미안해하지 않았으면 좋겠다. 그러라고 쓰는 글이다. 정말이다. 차라리 내가 겪은 불행에 그런 의미라도 있어야지, 그도 아니라면 억울해서 못 살 것 같다. 그따위 아무짝에 쓸모없는 불행들이 내 삶을 이유 없이 지나갔다고 생각하면 아마 나는 지금보다 몇백 배 더 괴로울 것이다. 그러니 괜찮다. 이 글을 통해 원 없이 위로받으셔도 된다.

2006년 신경안정제와 수면제 과다복용으로 병원에 실려갔다가 응급실에서 눈을 뜨고, 정신과 전문의로부터 입원치료를 권유받은 후 가족들보다 내가 가장 놀랐다. 그전까지 나는 그저 타인에 비해 좀더 민감한 사람이라고 생각했는데, 알고 보니 당장 집중치료가 필요한 수준의 심각한 정신병 환자였던 것이다. 실은 사고를 치기 전까지 여러 형태의 전조 증상을 보였다. 왜 아니었겠는가.

일단 그 무렵 나는 남의 감정을 제대로 읽어내지 못했다. 특히 남들의 기쁜 마음이나 슬픈 마음을 잘 알아차리지 못했다. 해서 세상일에 무심하고 주변 사람들에게 무례했다. 인정받고 싶은 마음에 혹은 잘난 척하고 싶은 마음에 회사에서 윗사람들에게 잘 보이려고 애쓰는 것 외에는 공감능력을 완전히 상실한 상태였다. 심지어 결혼식장이나 장례식장에 가도 겉으로는 다른 사람들과 똑같이 행동했지만, 속으로는 타인의 감정선을 이해하지 못해 힘들어했다. 혼자서 늘 '뭐가 저렇게 좋을까' 혹은 '뭐가 저렇게 슬플까' 수시로 머리를 갸웃거렸다.

하지만 이 일을 심각하게 여겨본 적은 없었다. 그저 타인의 생에 점점 더 무심해지는 것이 어른이 되는 하나의 통과의례라고 여겼다. 그런데 아니었다. 나중에 트라우마 치료를 받다 보니 내 무의식이 오랜 세월 슬픔이나 기쁨 같은 감정의 정보 유입을 사전에 차단했던 거였다. 그러다 어느 순간 감정이 조절되지 않으면 느닷없는 상황에서 폭발해버렸던 것이고.

이에 대해 짤막하게 변명하자면, 막상 사고 현장에서 기적적으로 살아나고 보니 세상에 중요한 것은 오로지 '나'밖에 없었기에 오랜 세월 타인의 시선이나 평가 따위에 신경 쓰지 않고 살았다. 한동안 정말 아슬아슬한 시절을 보냈다. 이제와 이 시절을 회상하면 당시의 나는 연습도 전혀 하지 않고 무대에 오른 겁 없는 외줄타기 곡예사였다.

게다가 어린 나이에 너무 쉽게 돈이 오가는 모습을 보고, 또 그 돈 때문에 온 집안사람들이 서로 멱살을 잡고 흙바닥을 뒹구는 장면을 보고, 결국 그 돈이 먼지처럼 사라지는 것까지 보고 나니까 돈이라는 게 그렇게 우스울 수 없었다. 엄마 역시 사고 이후로 내가 무엇을 하든 전혀 상관하지 않았다. 엄마는 언제나 내게 "어렵게 살아 돌아온 우리 딸은 아무것도 하지 말고 그냥 살아만 있어라. 돈이 아쉬우면 엄마가 직접 벌 테니 너는 아무것도 하지 마라"고 했다. 실제로 엄마는 이 말을 꽤 오래 지켰다. 내 사고 보상금으로 차린 식당을 IMF에 한방에 날려 먹은 후로, 훗날 당뇨 합병증으로 일을 하지 못하게 되기 전까지 식당 설거지부터 빌딩 청소까지 온갖 궂은일을 마다하지 않고 사셨으니까.

그 때문이었을까. 돈이 있어도 소중한 줄 몰랐고, 남들처럼 월급을 모아 명품 가방을 사고 해외여행을 가도, 압구정에서 메이크업을 받고 청담동에서 머리를 해도 도대체 어디가 좋은 건지 이해가 되지 않았다. 물론 덕분에 돈 때문에 하고 싶은 것을 하지 못하거나 사고 싶은 것을 사지 못해도 서운하다는 생각도 없었다.

그러다가 2013년 가을, 아이러니하게도 나는 그 알량한 돈으로 사람을 살릴 수도 죽일 수도 있다는 사실을 깨달았다. 당시 정말 눈앞이 깜깜했다. 그 바로 전년도에 개인회생을 신청해서 회생절차를 밟고 있었는데, 어느 날 갑자기 엄마가 보증금 한 푼 없이 당장 길바닥에 나앉게 생긴 것이었다. 갑자기 큰오빠가 한평생 자신을 불행하게 만든 엄마가 자기 돈을 깔고 앉아 있는 것을 참을 수 없다고 하더니, 당시에 엄마가 살던 집 전세금까지 모두 빼서 와이프와 단둘이 외국으로 이민을 가버렸기 때문이다.

때마침 작은오빠도 돈 때문에 힘들어하고 있는 상황이었

으니, 정말이지 눈앞이 막막했다. 당장 갚을 도리가 없는 상황에서 1,000만 원이 넘는 큰돈을 대체 어디서 구하는가. 그때는 정말 가만히 있어도 등이 뜨거웠다. '세상에, 가시밭길 지나고 나니 벼랑 끝이라더니. 이때 쓰라고 이 말이 있나 보다' 싶었으니까.

일이 터지자 엄마는 엄마대로 우리들한테 신세 지느니 차라리 노숙인이 되겠다며 불도 떼지 않은 방에서 식음을 전폐하고 누워 있었고, 나는 그런 엄마를 찾아가 '엄마가 이러는 게 나를 더 힘들게 하는 거다. 제발 일어나 앉아 뭐라도 먹어라' 하면서 나한테 더도 덜도 말고 딱 하루만 시간을 달라고 했다. '만약 그때까지 돈을 못 구해오면 우리 그냥 이 자리에서 다 같이 연탄불 피우고 죽자. 나도 엄마 길바닥에 재우면서 발 뻗고 편히 못 잔다'라고 했다.

다음 날 아침이 아직도 선명하게 기억난다. 평소보다 예쁘게 차려입고 현관문을 나서며, '오늘 하루 동안 용기를 내서 딱 열 명한테만 부탁해보자. 그중 누군가는 도와주겠지. 그러고도 안 되면 그때 가서 실망하자. 미리 실망하지 말자'라고 마음을 다잡고 회사에 갔다. 첫 번째로 만난 회사 선배에게 울며불며 그간의 사정을 이야기하고는 당장 1,000만 원 넘는 돈이 필요한데 나를 대신해서 대출을 받아주면 최선을 다해 갚겠다고 했다. 그러자 선배가 적금을 해지해서 줄 테니 이자는 걱정하지 말고 나중에 여력이 되면 갚으라면서 "울지 마라. 네 인생 여기서 끝난 거 아니다"라고 토닥였다. 세상에나. 울지 말라는 그 말을 들으니 어찌나 눈물이 쏟아지던지. 그때 생각했다.

'아, 그 알량한 돈이 사람을 살리기도 하는구나….'

그 무렵 생애 처음으로 제대로 가난해졌는데, 뜻밖에도 이 일은 오히려 내게 큰 사고의 전환점이 되었다. 선의의 채권자가 생기고 나니, 또 채권자의 그 진심 어린 호의를 느끼고 나니, 전에는 모르던 것들이 새삼 감사하게 여겨졌다. 우리 가족 모두 한뎃잠을 자지 않아 감사했고, 따뜻한 밥을 제때 먹을 수 있어 감사했다. 그리고 채권자에게 염치를 차리고 싶으니 도리어 반듯하게 살고 싶어져, '여차하면 죽어버리자'던 마음까지 사라졌다. 두고두고 감사할 일이다.

요즘도 가끔 지하철을 타면 건너편에 앉은 사람들의 얼굴을 찬찬히 본다. 아무 일도 겪지 않은 보통 사람들을, 순하고 무해한 그들의 표정을 본다. 보편적인 가정을 이루고 다정하게 사는 이 사람들은 대체 어떤 꿈을 꾸며 무슨 생각을 할지 미루어 짐작해본다. 그렇다. 나는 여전히 그들의 권태롭고 지루한 일상이 부럽다.

슬프지 않던 모든 날이 행복이었음을

내게 생은 영화 〈포레스트 검프〉의 유명한 초콜릿 이야기 같았다. 맛있는 과자를 집어 먹고 싶으면 맛없는 과자도 함께 먹어야 하는 종합 선물 과자 세트, 심지어 맵고 짠 과자들만 잔뜩 들어 있는 그런 과자 세트. 내가 받은 과자는 어떤 의미로든 남달랐다. 이 사실을 처음 알았을 때는 '왜 나한테 이런 과자를 주었지? 대체 왜 나지?'라고 생각했는데, 요즘은 입장 바꾸어 생각해도 이런 불행의 종합 세트는 어쩐지 나한테 가져다줄 것 같다. 왜냐하면 아무리 주위를 둘러보아도, (여러 의미에서) 이런 박스를 받아들 만한 사람은 나밖에 없기 때문이다. 물론 다 지나왔으니 하는 농담이다.

생의 특이한 이력 때문에 남들보다 좀더 담대한 면이 있다고 생각했는데, 의사 선생 말에 의하면 그것 때문은 아니란다. 애초에 그런 성향을 타고난 데다, 여태 그 성격을 잘 유지해온 덕분이란다. 그 말을 듣고 보니 또 그렇다. 어디 성격 고치는 게 쉬운 일인가. 마음 바꾸어 먹는 게 보통 일이냐고. 해서 아무리 생각해도 이런 연유로 내게 그런 박스가 배달된 것 같다. 그럼에도 여전히 세상을 긍정하고 있으니 말이다.

인정하고 싶지 않지만 불행의 서사들이 나를 성장시킨 것도 사실이다. 돌이켜 보니, 그런 달지 않은 과자들을 먹으면서 분명 얻은 점이 있다. 불행은 필요 이상으로 고통스럽다는 단점이 있지만, 겪어내기만 하면 반드시 무언가를 얻는다. 생에 도움이 되든지 안 되든지 상관없이 말이다.

예컨대 나는 사고 현장에서 너무 많은 죽음과 피를 본 후로 어지간하면 피를 보고 놀라지 않는다. 전에 보육원에서 아이들을 돌볼 때 이제 막 잡고 일어서는 아기가 어쩌다 앞으로 '쿵' 소리를 내고 넘어져 입술이 터지는 바람에 피가 철철 나는 모습을 발견했다. 마침 담당 수녀님도 계시지 않던 상황이었다. 자원봉사자들끼리 놀라 서로 우왕좌왕하는 사이에 내가 얼른 다가가 우는 아이를 달래고, 가제수건을 물에 적셔 입 주위를 닦은 후, 상처 부위를 소독하고 연고를 발

라주었다. 옆에 계시던 분들이 나한테 직업이 뭐냐고, 혹시 의료계에서 일하시냐고 물어왔다. 나는 그저 그 자리에 있던 사람들 중 가장 놀라지 않았을 뿐이다. 참고로 입술은 피부 구조상 조금만 찢어져도 피가 많이 난다.

또 나는 어떤 의미로든 확실히 돈에 대해 자유롭다. 통장에 찍히는 숫자 또는 사회적 성취가 행복의 바로미터가 아니라는 것을 어린 나이에 깨달았기 때문이다. 물론 돈이 많으면 사는 데 편하다. 인정한다. 하지만 그것이 다는 아니다. 여태 나는 불행한 부자들을 수없이 많이 보아왔다. 좀더 정확하게 말하면 기어이 불행해지고야 마는 부자들 말이다. 게다가 '가난'이란 것도 잘 모를 때는 되게 무섭더니, 막상 겪어보니 생각보다 별거 없었다. 뭐라고 해야 할까. 점심값 낼 돈이 없어 밥 먹으러 나가자는 동료들과의 식사를 거절하고 홀로 대충 끼니를 때우던 날들을 몇 년쯤 겪다 보니 '어디를 가서 무엇을 해도 나 하나쯤은 지키고 살겠구나' 하는 나름의 배짱이 생겼다고나 할까. 그러니 돈은, 평소 엄마 말 대로 남한테 아쉬운 소리를 하지 않고 살 수 있는 정도만 있으면 되는 것 같다. 물론 살아보니 이마저도 쉬운 일은 아니었지만.

보육원 아이들을 보러 간 어느 겨울, 춥고 어두운 놀이방에 혼자 남겨져 울고 있는 아이에게 "아가야, 이모가 젤리 줄

게. 이모랑 올라가자"라고 불렀다. 그 조그만 애가 다시 몸을 웅크리더니 고개를 세차게 흔들고는 "젤리 아니야"라며 울먹였다. 해서 곁에 앉아 "그럼 뭐 줄까?" 물었더니 "안아줘"라는 아이의 대답이 돌아왔다. 그날 얼음장처럼 차가운 놀이방에서 작은 항아리 단지만 한 아이를 안고 속으로 얼마나 울었는지 모른다. 맞다. 아이 말이 맞다. 젤리가 아니다. 사랑이다.

나 또한 그렇다. 나는 차가워 봐서 따뜻한 것을 알고, 어두워 봐서 밝을 수 있으며, 너무도 절절하게 외로워 봐서 가족이 어떤 의미인지 안다. 또 불행해 봐서, 자다 일어나 벽을 치고 흐느낄 정도로 불행해 봐서, 행복이 무엇인지도 안다. 전에는 행복에 대해 대단히 착각하고 살았다. 내가 겪은 불행들이 너무도 선명해서, 행복도 불행처럼 어느 날 갑자기 창문을 깨고 안방으로 들이닥치는 것인 줄 알았다. 한데 아니었다. 행복은 요란하지 않게 삶에 스며들었다. 그러니까 행복은 생각만큼 대단한 게 아니었다. 그저 내가 사랑하는 사람들이 모두 죽거나 다치지 않은 상태, 다시 말해 여태 살아오면서 슬프지 않았던 모든 날이 전부 행복한 날들이었다.

지난가을 대모님 댁 아이들과 공원에 놀러갔다. 일곱 살 형이 장난친다고 내 머리 위로 낙엽을 한가득 쏟아붓자, 네 살 동생이 "안 돼" 하고 소리치며 달려오더니 울먹이며 그 작은 손으로 내 니트에 붙은 낙엽을 하나하나 떼주었다. 무슨 말이 더 필요한가. 이 마음이 바로 사랑이고 행복이다. 그러니까 행복은 어디 멀리 걸려 있는 게 아니었다. 발끝에 차이는 게 행복이고 거리마다 널려 있는 게 행복이었다. 전에 나는, 그러니까 사랑을 몰랐을 때 나는, 천국은 몰라도 지옥은 있으리라고, 반드시 있으리라고 했다. 왜 아니었겠는가. 그 파란의 세월 동안 나라고 무슨 용 빼는 재주가 있어서 미움 없이 원망 없이 살았겠는가. 수없이 많은 날, "너는 살아서도 지옥에서 살고 죽어서도 지옥에서 살아라" 하고 원망하며 마음속으로 빌고 또 빌었다. 하지만 요즘은 그런 생각을 하지 않는다. 정말로 지옥이라는 데가 있어 나쁜 사람들이 간다고 치자. 그런데 만에 하나, 누군가의 행정 착오로 그중에 내가 사랑하는 사람이 섞여 가면 어떡해. 그래서 싫다. 그러니 애초에 천국도 지옥도 없는 게 맞다.

친한 수녀님께서 전에 내게 이런 말을 하신 적이 있다.

"기억해, 선민 씨. 하느님은 절대로 선민 씨가 다치는 걸 원하지 않으셔. 어떤 일이든 다치면서 하는 일은 옳은 일이 아니야. 알았지?"

생각해보니 그 말이 맞다. 아무리 내 말이 옳다고 해도 남을 아프게 한다면 해서는 안 된다. 남을 다치게 하는 건 어떤 이유에서든 옳은 일이 아니다. 앞으로 사는 내내 명심 또 명심할 이야기다. 그러니 그대가 누구든 어디에서 무엇을 하든 부디 몸도 마음도 다치지 마시길. 나 또한 그럴 테니.

믿기 어렵겠지만 우리 엄마는 여전히 내가 크게 되리라고 믿는다. 태몽 때문이다. 크게 되기에는 너무 늦은 감이 있다고 아무리 고쳐주어도 요지부동이다. 그대로 두련다. 또 내게는 무슨 일이 있어도 나 잘되는 것만큼은 반드시 보고 죽을 거라고 벼르고 사는 인정 많은 이모도 있다. 그러니 다른 것은 모르겠지만, 나는 이분들 때문에라도 앞으로도 마음껏 나빠지지는 못할 것 같다.

재작년 여름, 강서경찰서에 두 번 조사받으러 갔다. 특정인을 지칭해 '일베'라고 SNS에서 여러 번 언급한 죄로, 모욕죄로 고소당해 조사를 받았다. 조사받을 때만 해도 바른말을 했을 뿐인데 고소를 당했다는 사실에 원통하고 분했다. 또 일베한테 일베라고 한 게 뭐가 잘못된 건지 도무지 이해가 되지 않았다. 한데 담당 형사께서 모욕죄는 내가 하는 말이 맞는지 틀린지가 중요하지 않다고, 그 말에 상대가 느끼는 감정이 더 중요하다고 했다. 이 말을 듣고 집에 와 곰곰이 생각해보니 그분 이야기가 맞다. 때리면 아플지 모르고 쳤다고 해도, 맞은 사람이 아프다고 하면 아픈 것이다. 그러니 그에게 미안하다고 하는 게 맞다. 그때 일은 지금 생각해도 미안하다.

그러다 문득, 이런 생각을 했다.

'아니, 다른 것도 아니고, 서로 다른 이념을 믿는 사람들도 함께 잘살아보자고, 여태 수많은 이들이 피 흘리고 투쟁해 만든 대한민국 민주공화정이 아닌가. 그런데 정작 그런 세상이 오고 보니, 어머나, 세상에. 나도 예전의 그들처럼 "나는 맞고, 너는 틀려"라고 하고 있구나.'

잘은 모르지만 이 세상에 절대 진리는 없다. 어지간한 일은 너도 맞고 나도 맞다.

그렇지만 아무리 사는 게 바빠도 잊지 말아야 할 것들이 있다. 도의적인 차원에서 여전히 타인의 불행과 비극을 가볍게 여기고 조롱하면 안 된다고 생각한다. 다른 것은 몰라도 이 선만큼은 넘으면 안 된다. 악몽 같은 사회적 비극을 잊지 말자. 기억해주자. 그래야 세상이 조금이라도 안전해진다.

숨지 않기, 침묵하지 않기, 기록하기

초등학교 6학년 때 담임은 매주 금요일에 시험을 친 후, 시험 결과대로 아이들을 줄 세워 자리에 앉게 했다. 아마 이제 곧 중학교에 가니 미리미리 상급학교의 경쟁구도에 익숙해지라 는 취지였던 것 같다. 한데 이게 어린 마음에 보통 스트레스 가 아니었다. 그때 우리는 매주 금요일 오후 책가방을 책상 위에 올려두고, 일주일간 공부한 내용에 대해 시험을 친 뒤, 옆자리 짝과 시험지를 바꾸어 채점하고, 서로의 점수를 확인 한 후 그다음 월요일부터 자신의 등수가 적힌 자리에 가 앉 았다. 시험을 본 뒤 일등부터 꼴찌까지 차례대로 선생님에게 시험지를 검사받고, 다음 주부터 자기가 앉을 자리를 확인한 후 집에 갔다. 그리고 월요일이면 모두 주말 사이에 부모의 사인을 받은 노트를 담임 책상에 올려놓아야 했다.

1988년 당시 같은 반 학생이 쉰 명 조금 넘었는데 여덟 명씩 한 조로, 총 여섯 개 조가 있었다. 그러니 시험마다 적어도 반에서 12등 안에 들어야 각 조의 조장·부조장 같은 역할을 수행하며 이른바 '주류' 행세를 할 수 있었다. 이 일은 그 무렵 감수성 예민한 사춘기 소년·소녀에게 꽤 중요한 문제였다. 일단 반의 주류가 되지 못하면 더는 같은 반 아이들의 생일 파티에 초대받지 못하는 신세가 되기 때문이었다.

어느 날이었다. 함께 어울려 놀던 친구 가운데 하나가 시험을 볼 때마다 커닝한다는 소문이 반에 돌았다. 이 이야기에 배신감을 느낀 우리는, 우리 감정을 노골적으로 알리기 위해 그때부터 대놓고 그를 따돌렸다. 지금 생각하면 학교 다닐 때 겪던 그깟 따돌림 같은 게 뭐라고 그렇게 연연했을까 싶지만, 학생에게는 학교가 세상의 전부이기에 왕따가 된다는 것은 어른들의 짐작보다 보통 심각한 일이 아니다.

얼마나 지났을까. 어느 날 그 친구가 우리한테 할 말이 있으니 수업 끝나고 잠깐 남아달라고 했다. 아이들이 떠난 교실에서 그 친구는 정말 우리 말고 더는 누가 없는지 앞뒷문을 열어 꼼꼼히 확인하고는 다시 자리로 와, 침착한 태도로 책가방을 열고 필통을 꺼내 문제의 커닝 페이퍼를 보여주며 이렇게 말했다.

"너희들도 이미 알고 있겠지만, 나 사실 여태 시험 볼 때마다 커닝했어. 시험을 잘 보고 싶었는데 점수가 잘 안 나왔고, 점수를 잘 못 받으면 집에 가서 아빠한테 맞아. 그래서 어쩔 수 없었어. 나도 잘못한 거 알아. 앞으로 안 그럴게. 그러니까 이제 나랑 같이 놀자."

친구는 자리에서 돌아앉았더니 입고 있던 티셔츠를 걷어 올려 우리한테 매 맞은 등을 보여주었다. 그 등에는 누가 세탁소 옷걸이같이 얇은 걸로 세차게 때린 울긋불긋한 상처들이 선명하게 남아 있었다.

요즘 같으면 아동학대로 경찰에 신고할 수준의 가정폭력이지만, 그때만 해도 대한민국 사회에는 가정에서 훈육을 목적으로 하는 아이들 체벌을 어느 정도 용납하던 분위기였기에 우리는 이 일에 대해 어디에도 말하지 못했다. 어찌되었든 친구의 용감했던 고백을 계기로, 우리는 전보다 더 친하게 지냈다. 공부할 때나 놀 때나 항상 그 친구와 함께했다. 또 분명히 그러면 안 되는 줄 알면서도 그 친구와 짝이 되는 아이들은 암묵적으로 시험지의 틀린 답도 몰래 고쳐 동그라미를 쳐주었다.

시간이 흘러 여름방학이 되자, 그 아이네 집은 방배동으로 이사를 갔다(지금 생각하니 학군 때문이었던 것 같다). 2학기가 시작되던 날, 그는 선생과 반 친구들에게 마지막으로 작별 인사를 하러 부모와 함께 학교에 들렀다. 덕분에 우리는 말로만 듣던 그 부모를 실제로 처음 보았는데, 그때 꽤 충격을 받았다. 어린 마음에 잘은 모르겠지만, 별것 아닌 일로 딸을 그 지경으로 패는 아빠라면 분명히 형편없고 초라한 사람이리라 생각했는데, 실은 전혀 아니었기 때문이다. 심지어 그는 내가 아는 누구보다 선한 얼굴을 하고 있었다. 말씨나 태도마저 점잖아 흠잡을 데라고는 하나도 없었다. 그 친구 엄마도 마찬가지였다. 절대로 자기 딸이 남편에게 얻어맞는 동안 무심히 한쪽 귀를 틀어막고 드라마를 마저 본다던 비정한 엄마의 얼굴을 하고 있지 않았다. 하지만 나는 그날 분명히 보았다. 사람 좋은 얼굴로 아이들을 향해 교탁에서 인사하던 부모 곁에서 잔뜩 움츠린 몸으로 겁에 질린 채 어쩔 줄 몰라 하던 친구의 얼굴을.

그 뒤로 여태 그 친구의 소식은 듣지 못했다. 누구 말로는 새로 전학 간 학교에서 제대로 적응하지 못해 미국으로 조기 유학을 갔다고 했고, 또 다른 누구 말로는 고등학교 때 집을 나가 소식이 영영 끊겼다고 했다. 그 이야기를 들으며 나는 '어쨌거나 둘 다 집을 나갔다는 이야기라 차라리 잘됐다'고 생각했다. 폭력과 공포 속에 자라는 것은 생각보다 끔찍한 일이기 때문이다. 나 역시 어린 시절 각인된 폭력의 기억이 내 영혼에 씻을 수 없는 상처를 남겼고, 성인이 되고도 극한의 공포를 느끼면 나 자신을 통제하지 못해 수없이 많은 날, 내가 나를 해치며 살았으니까.

이 친구의 사건은 또 다른 의미로 내 생에 지대한 영향을 미쳤다. 나 역시 그처럼 언제나 솔직하고 용감하게 살고자 노력했기 때문이다. 하지만 불행히도 그 후에 내가 만난 사람들은 당시 우리 반 아이들 같지 않았다. 아니, 대부분은 그때 우리 반 친구들과 정반대로 행동했다. 오히려 내 비밀을 알게 된 사람들은 이런저런 핑계를 대며 내게서 멀어져갔으며, 어떤 이들은 자신의 이해관계에 따라 내 상처를 이용했다.

그런 연유로 나는 어른이 되면서 불행한 생의 서사들을 감추며 살았다. 가급적 아무에게도 속사정을 말하지 않는 사람이 되었다. 덕분에 정신증은 깊어졌다. 사회생활하는 동안 의도적으로 더 많이 웃고 활발하게 행동했다. 이유는 간단하다. 솔직하게 구는 것보다 행복한 척 연기하는 게 사는 데 훨씬 더 편하기 때문이다.

너무 연기를 잘한 탓일까? 나를 아는 많은 사람들이 내가 정말로 사랑을 많이 받고 자란 부잣집 막내딸인 줄 안다. 아니, 좀더 정확히 말하면 나에 대해 자기들 멋대로 미루어 짐작했다. 그 후로 더더욱 내 불행을 비밀에 부쳤다. 혹시라도 누가 내 진짜 얼굴을 알까 봐 전전긍긍했다. 집안에서는 정신이 온전하다면 차마 입에 담기도 힘든 저주와 악담을 가족들하고 주고받으면서도, 현관문만 열고 나서면 아무 일도 없었다는 듯이 어깨를 펴고 사람들을 향해 활짝 웃어 보였다.

상황이 이러니 좀처럼 사람을 곁에 두기 힘들었다. 아무리 친한 친구라도 늘 적당한 거리를 유지하며 지내야 했다. 만에 하나 그들에게 손목에 난 수많은 상처들을 들킬까 두려웠기 때문이다. 정신과 상담과 심리치료를 받을 때에도 다른 이야기는 몰라도 어린 시절 겪었던 폭력에 대해서는 말하지 않았다. 그때의 일은 아무리 노력해도 목에 걸린 가시처럼 입 밖으로 빼내기 어려웠다.

한치 앞을 모르는 게 사람 일이라고 한다. 지금의 나는 불행을 감추려 애쓰던 그때의 내가 상상할 수 없을 정도로 많은 순간, 지난날 겪은 불행들에 대해 먼저 말하고 다닌다. 그래서일까. 많은 사람들이 내게 묻는다. 이렇게 솔직해도 괜찮은 거냐고. 그때마다 말한다. 아니, 하나도 괜찮지 않다고. 어떻게 이 일이 괜찮을 수 있겠냐고.

처음 딴지일보 자유게시판에 썼던 〈세월호가 지겹다는 당신에게 삼풍 생존자가 말한다〉 글이 네티즌 사이에서 폭발적인 반응을 일으키고, 여러 인터넷 커뮤니티에 내 글이 도배되는 모습을 볼 때도 그 일과 무관한 척, 내가 쓴 글들을 찾아가 애써 태연하게 '좋아요'를 누르고 다녔다. 심지어 그 글이 친한 회사 동료의 페이스북에 올라왔을 때는 부러 이런 댓글도 남겼다. "공감합니다." 그 후로 이듬해 4월이 되어 그 글이 다시 회자되고, 그로 인해 여러 매체에서 인터뷰 요청이나 방송 출연, 출판 제의가 들어와도 (몇몇 특수한 경우를 빼고는) 대부분 거절했다.

생각해보라. 이 일로 내가 세간의 주목을 받고 유명해진다고 치자. 그로 인해 무엇을 얻겠는가. 또 만약에 이것으로 무언가 얻는다 치자. 그게 돈이라고 해도 달갑지 않다. 그야말로 같잖다. 불행과 맞바꾸는 게 또다시 그깟 돈이라니, 불행했던 시절의 이야기를 팔아 결국 돈 몇 푼을 번다니, 그렇게 힘들게 살아남아 하는 일이 고작 이거라니.

게다가 나는 한평생 소망했다. 이런 일을 겪지 않은 사람들처럼 평범하게 사는 일상을, 남들이 지루해 마지않는 생, 매일 아침 눈을 떠 따박따박 회사에 가고, 그저 그런저런 잡다한 일들을 하고 돌아와 씻고 눕는 그 단순한 일상을 나는 무척이나 사랑한다. 한데 대체 무슨 연유로 또다시 지난날의 상처를 헤집어 불행에 대해 말하고 다니느라 내 일상을 파괴하는가. 생각만 해도 싫었다.

하지만 나는 끝내 이 일에서 도망가지 못했다. 마치《성경》에 나오는 요나처럼, 내가 이 일을 하지 않으려 발버둥을 치면 칠수록 그 일 속으로 자꾸만 빠져들었다. 해서 이제 모든 것을 포기하고 이 글을 쓰고 있는 것이다. 왜냐하면 나는 당사자니까. 내가 말을 해야 이 일들이 기록으로 남고, 그 끔찍한 일들이 문서로 남아야 더 많은 사람들이 이 일을 알 테니까. 그래야 세상에 무수히 많은 사회적 참사에 한 번이라도 더 관심을 가질 테니까.

무례하지 않게 온기를 전하는 법

내가 삼풍백화점 생존자라는 사실을 알게 된 사람들이 보상금 다음으로 많이 물어오는 질문이 있다. 바로 "불행을 겪은 사람들을 어떻게 위로하면 좋을까요?" 하는 질문들이다. 다시 말해 "어떻게 하면 무례하지 않은 태도로 불행에 빠진 이들을 위로할 수 있을까요?" 하고 묻는 것이다. 그러면 나는 대답한다. 다 좋은데 상대를 너무 열심히 위로하려 들지 말라고, 지나고 보니 오히려 그 과정에서 사람들이 생각보다 실수를 많이 하더라고 말이다. 정말 돕고 싶거든 불행에 빠진 이웃을 지금 막 교통사고로 병원에 입원한 환자를 대하는 의사의 시선으로 보라고 조언한다. 예측하지 못하고 당한 사고에 놀란 환자를 진정시킨 뒤에 시간을 가지고 그의 상태가 괜찮은지, 따로 필요한 것은 없을지 체크해주는 정도가 좋을 것 같다. 갑자기 찾아온 비보에 이성을 잃은 사람들에게 때로는 지나친 타인의 관심이 피곤하게 느껴질 수도 있다. 설령 그 마음이 전부 선의로 가득 찼다고 해도 말이다.

그렇다. 축하 자리는 쉽다. 고민할 게 없다. 아무나 와서 마음껏 있다가 가도 좋다. 하지만 병문안과 조문은 복잡한 이야기다. 해서 이런 데 갈 때는 옷도 가려 입고 말도 조심해야 한다. 또 몸이 아파서든, 마음이 아파서든 고통에 몸부림치는 모습을 별로 친하지 않은 타인에게까지 보여주고 싶은 사람은 세상에 그리 많지 않을 테니, 이웃의 불행한 소식을 접하거든 그 자리에 과연 자신이 가도 좋을지 신중하게 고민하고 결정했으면 좋겠다.

나 역시 마찬가지였다. 피딱지가 잔뜩 앉은 머리를 일주일 넘게 감지도 못하고 병원에 누워 있을 때 악의라고는 눈곱만큼도 없는 사람들이 계속해서 나를 찾아오는 게 마냥 즐겁지만은 않았다(당시 매일같이 뉴스 하단 부상자 명단에 내 이름과 입원해 있던 병원 이름이 생중계되어 오만 사람들이 자꾸자꾸 나를 찾아왔다). 게다가 느닷없이 다가오는 생의 불행은 때로는 사람을 단박에 속 좁고 치사한 인간으로 만들어버린다. 좋을 때면 몰라도 나쁠 때는 이기적으로 변하기 쉬운 게 사람 마음이기 때문이다.

이 말이 잘 이해되지 않거든 가까운 병원 응급실에 한번 가보시기를, 몸이 아파 병원에 실려왔는데 다른 환자와 의료진을 먼저 배려하고 품위 있게 자신의 고통을 이겨내는 응급환자가 몇이나 되는지 확인해보시기를 바란다. 물론 예외는 있다. 응급실에서조차 품위를 지키는 고결한 이들을 몇 번 마주하기는 했다. 하지만 손에 꼽는다(사실 여전히 속으로는 그들이 이성을 잃지 않을 만큼만 아팠던 것은 아닐까 하는 의문이 있다).

게다가 불행에 빠진 사람들은 서로서로 상처 입히기 쉽다. 아빠가 돌아가셨을 때도 마찬가지였다. 온 집안사람들이 장례 기간 내내 서로를 탓했고, 문상객 앞에서 최선을 다해 자신의 입장을 변명했으며, 상대의 해묵은 오해들을 남들 앞에서 들추느라 정신없었다. 또 사람들은 전부 일이 이렇게 될 때까지 자기 잘못은 전혀 없었다며 구구절절 변명을 늘어놓았다. 다들 왜 그랬을까? 일단 문제의 원인을 외부에 두면 자기 마음이 편해서다. 도저히 자신의 허물을 정면으로 바라볼 자신이 없으니까, 따로 원 없이 미워할 대상을 필사적으로 찾는 것이다. 해서 그 일을 두고 우리 집에서는 엄마가 가장 오래 고통받았다. 하지만 나는 안다. 그 사건의 제일 큰 피해자는 무책임하고 이기적인 결정으로 어느 날 죽어버린 아빠가 아니라 오히려 그가 남긴 모든 숙제를 일순간에 떠맡게 된 엄마였다는 사실을.

그러니 불행에 빠진 사람들에게 진짜로 필요한 것은 다른 무엇보다 자신에게 일어난 일을 홀로 충분히 이해할 시간일지도 모르겠다.

개인회생을 하던 때였다. 말 그대로 하루하루 가까스로 견디고 있었다. 그러던 중에 어렵사리 돈을 구해 길가에 나앉을 뻔한 엄마를 다시 엄마 고향인 청주로 이사시키고 올라와서는 긴장이 풀려서 그러했는지 며칠간 호되게 앓았다. 그런데 일반적인 몸살이라기에는 계속해서 수상한 열과 복통이 지속되었다. 월차를 내고 다니던 병원을 찾았다. 의사는 아무래도 이번에는 오른쪽 난소 쪽에 문제가 있어 보인다고 했다. 해당 병원에서 몇 해 전에 이미 자궁내막증으로 왼쪽 난소를 걷어낸 후의 일이었다. 의사는 심각한 얼굴로 안경을 고쳐 쓰고는 모니터의 복강 내 초음파 사진을 보여주며, 이번에도 지난번과 같은 문제라면 차라리 자궁을 적출하는 게 어떻겠냐고 물어왔다.

그 말을 듣고 집에 와 누웠는데 어찌나 눈물이 나던지. 이대로 잠들어 다음 날 눈 뜨지 않기를 간절히 바랐다. 그때는 생의 모든 에너지가 방전된 후였다. 남들처럼 자궁을 드러

내 여성성을 상실한다거나 하는 감정적인 걱정은 사치처럼 느껴졌다. 내 머리는 온통 또다시 전신마취하는 수술을 해야 하는 상황과, 이 때문에 다시 주변 사람들에게 아쉬운 소리를 해 수술비를 마련해야 한다는 지극히 현실적인 고민들로 가득 차 있었다. 정말이지 그때 심정은, 지금 막 죽을힘을 다해 힘겹게 깔딱 고개를 넘었는데, 또다시 눈앞에 모래 바람이 이는 광야가 끝도 없이 펼쳐진 기분이었다.

다음 날 아침, 언제나처럼 일곱 시 정각에 울리는 전화 벨소리에 잠에서 깼다. 그 무렵 회사 돈으로 전화 영어를 지원받고 있었는데, 한 달에 세 번 이상 결석하면 그 비용을 내 돈으로 메꾸어야 했다. 그때는 돈 만 원이 새로운 처지라, 돈 앞에서 언제나 기분 따위는 둘째였기에, 그날도 어김없이 전화를 받았다. 평소와 다르게 꽉 잠긴 내 목소리를 들은 수화기 너머 선생께서 괜찮으냐고, 무슨 일이냐고 물어왔다. 그 소리에 그간 꾹꾹 참았던 눈물을 터트리고 엉엉 울면서 엉망진창인 영어로 이렇게 말했다.

"아니, 나 괜찮지 않아. 하나도 괜찮지 않아. 나 진짜 괜찮지 않아. 어제 병원에서 의사가 아마 수술해야 될 거라고 했어. 그래서 나 정말 하나도 괜찮지 않아."

선생은 내 이야기를 잠자코 듣더니 따뜻하고 침착한 어조로 이렇게 말해주었다.

"울지 마. 걱정하지 마. 내가 기도해줄게. 다 잘될 거야. 너는 곧 괜찮아질 거야."

며칠 뒤 병원에 다시 가니 거짓말처럼 전에 CT에서 보이던 난소 주변의 하얀 물체가 더는 보이지 않았고, 그사이에 열도 잡혔다. 다행히 수술은 면했다. 그 후로 의사는 내게 이런저런 설명을 했는데, 당시 내 머릿속은 온통 다시 배를 째지 않아도 된다는 기쁨으로 가득 차 있어서 그 말이 하나도 귀에 들어오지 않았다.

영어 선생의 이름은 안나였다. 필리핀 마닐라에 사는 내 또래 여자였고, 이혼 후 아이 넷을 키우는 싱글맘이었다. 가톨릭 신자였으며, 한국 음식 중에서는 김밥과 잡채를 좋아했다. 그즈음 몇 달간 일주일에 세 번씩 10분간 영어로 더듬더듬 서로에 대해 가벼운 이야기를 나눈 게 전부라 아쉽게도 그 선생에 대한 내 기억은 여기까지다. 하지만 아직까지 그녀가 내게 해준 진심 어린 위로를 기억하고 있다. 그러니 위로에 진심 말고 또 무엇이 필요할까. 문득 그런 생각이 들었다.

담백하게 위로하는 마음

살면서 마음이 아프던 날, 세상으로부터 간절하게 위로를 받고 싶던 때 나를 위로해주었던 것들은 의외로 거창하고 대단하지 않았다. 대개 일상의 소소한 순간들이었다. 예컨대 무심결에 라디오에서 들었던 유행가 한 소절이나, 소설 속에서 화자의 입을 빌려 "그 문제는, 그리 간단하지 않아요" 같은 말을 해주는 작가 한강의 책들. 그런 것들이 무엇보다 더 큰 위로가 되었다.

드라마 〈나의 아저씨〉 역시 그러했다. 채널을 돌리다가 우연히 시청했는데, 처음에는 텔레비전만 틀어놓고 딴짓하다가, 나중에는 숫제 휴대전화도 엎어두고 드라마에 오롯이 집중했다. 이 드라마에서 특히 좋았던 장면은, 극 중 박동훈(이선균)이 삶의 크고 작은 균열들을 묵묵하게 메꾸며 일상을 견뎌내는 모습이었다. 또 개인적으로는 극 중에 대기업 부장인 박동훈이 어린 나이에 힘든 하루하루를 살아가는 파견직 사원 지안(이지은)을 다분히 인격적으로 대하는 태도가 특히 더 좋았다. 다음은 이 드라마에서 가장 좋아하는 대사다. 지안이 말한다.

"사람 죽인 거 알고서도 친할 사람이 있을까. 멋모르고 친했던 사람들도 내가 어떤 애인지 알면 갈등하는 게 눈에 보이던데. 어떻게 멀어져야 하나."

이에 박동훈은 대답한다.

"네가 대수롭지 않게 받아들이면 남들도 대수롭지 않게 생각해. 네가 심각하게 받아들이면 남들도 심각하게 생각하고. 모든 일이 그래. 항상 네가 먼저야. 옛날 일 아무것도 아니야."

이 말이 어찌나 좋던지 '누가 나한테 똑같이 말해주면 좋겠다'라고 생각하던 터라 더 마음에 와닿았다. 네가 무슨 일을 겪었든, 지금 네 처지가 어떻든 아무것도 아니라고, 지나간 일들 같은 거 아무것도 아니라고, 네가 아무렇지도 않게 생각하면 그걸로 된 거라고.

그 말에 위로받아보았기 때문일까. 하루는 보육원에 봉사를 갔다가 이런 일을 겪었다. 그날도 다른 날과 마찬가지로 주방에서 열심히 일하는데 초등학생 아이 하나가 옆에 와 앉더니 이렇게 말했다.

"선생님. 저는요, 여태 저를 찾아온 사람이 한 명도 없어요. 그러니까 저한테는 가족이라는 게 아예 없다는 거죠."

그 말을 듣고 아이한테 뭐라고 말해주어야 하나 잠깐 망설이다가 대수롭지 않다는 투로 하던 일을 마저 하며 이렇게 말했다.

"그럴 수 있어. 선생님도 가족 없어."

그러자 아이가 이야기했다.

"에이, 그래도 선생님한테는 엄마가 있잖아요."

이번에는 아이를 보며 답했다.

"응, 있어. 그런데 서로 연락 잘 안 해."

눈을 동그랗게 뜨고 왜냐고 묻는 아이에게 대답해주었다.

"어른들은 그래. 가족끼리 별것 아닌 걸로 서로 싸우고 미워하고 그래. 그리고 가족 같은 거 어른 되면 별로 필요 없어. 가족은 딱 스무 살까지만 필요해."

그러자 아이가 한참 호기심 어린 눈으로 내 표정을 살피더니 이내 고개를 아래위로 천천히 끄덕였다.

실제로 나는 현대사회에서 가족의 의미가 이전과 달라야

한다고 생각한다. 이제 더는 우리 인간은 야생의 위협이 도사리는 동굴에 살지 않는다. 문명화된 도시 속에 사는 우리에게는 예전만큼 가족이 절대적이지 않다는 뜻이다.

물론 '가족 같은 존재는 아무짝에도 쓸모없다'는 말이 아니다. 사회적 동물인 인간에게는 정서적 의미에서라도 가족이 필요하다. 가족이라는 안전기지는 바깥에서 입은 마음의 상처를 언제든 긴급하게 치료하고 돌보아줄 수 있는 공간이다. 다만 가족이라는 형태가 산업화 시대 자본가가 노동자에게 요구하던 안정된 형태의 모델, 이른바 아빠·엄마·형·동생이라는 4인 체제가 아니어도 괜찮다는 말이다.

서로가 서로에게 위로가 되는 관계가 만나 함께 살면 그들이야말로 실제 가족이다. 오히려 정서적 교감이 전혀 이루어지지 않는 상대와 결혼적령기에 적당히 결혼해 가족을 이루는 사람들보다, 피가 섞이지 않았어도, 성별이 같아도, 남들이 말하는 반쪽짜리 가정 즉 편부·편모 슬하라 할지라도, 혹은 개나 고양이와 함께 살더라도 서로 위하고 존중하는 마음만 있다면 그 자체로 훌륭한 가족이라고 생각한다. 그런 의미에서 우리 보육원 아이들도 구시대적인 발상의 가족 형태에 너무 연연하지 말고 앞으로 사는 동안 세상에서 더 많은 새롭고 다양한 형태의 사람들과 가족을 이루고 살았으면 좋겠다.

서로에게 기꺼이 기대면 안 될까

1980년대 초반, 그러니까 서울이라는 도시에 아직 콘크리트 건물이 많이 생기기 전에는 이웃 간의 담장이 지금보다 훨씬 낮았다. 당시 사람들은 하나같이 '먼데 사는 친척보다 가까이 사는 이웃이 낫다'고 입을 모았다. 군사정권 치하라 그러했을까. 아니면 아직 도시화가 덜 되었기에 때문이었을까. 요즘처럼 친척도 이웃도 데면데면하고 개인주의가 만연한 시대에는 상상하기 어렵겠지만 그때는 동네 사람들끼리 두루두루 친했다. 게다가 새마을운동이니, 반상회니 하는 지역 자치 업무도 많아 이웃 간에 담을 쌓고 사는 것 자체가 힘들었다.

그 시절에 우리는 밥숟가락만 내려놓으면 밖으로 나와 골목을 어슬렁거렸다. 아빠들은 아빠들대로, 엄마들은 엄마들대로, 꼬마들은 꼬마들대로 말이다. 해서 유년시절의 내 기억에는 골목에 아는 사람들 덕분에 행복했던 순간들이 많다. 또 그때는 유치원에 다니는 애들이 동네에 많지 않았다. 그러니 매일같이 아이들은 눈만 뜨면 집 밖에 나와 놀았다. 비가 오나 눈이 오나 아이들은 사시사철 밖에서 뛰어 놀았다. 덕분에 저녁에 집에 와 세수를 하면 하얀 비누 거품이 무색할 정도로 새까만 땟국물이 줄줄 흘렀다.

골목에서 진행되는 놀이는 보통 다수결의 원칙으로 결정되었는데, 그날그날 모이는 아이들의 나이·성별 등 모든 것이 종합적으로 반영되었다. 장난감이 흔하지 않던 시절이라, 대부분 맨손으로 할 수 있는 놀이를 선택했다. 술래잡기·고무줄·치기놀이·얼음땡·이어달리기 등 놀이 종류도 다양했다. 게다가 아이들끼리 정한 놀이 규칙은 어찌나 까다로운지, 경기 도중에 비겁한 행동을 한 아이는 강도 높은 '골목 인민재판'을 받고 며칠 동안 게임에도 뛰지 못하는 혹독한 처벌까지 이어졌다. 예나 지금이나 아이들은 놀 때 봐주지 않는다. 다들 칼 같다.

지금 생각하면 당시 이런 엄격한 골목 문화에 좀처럼 어울리지 않는 제도가 하나 있었는데, 바로 '깍두기'였다. 여기서 말하는 깍두기란, 골목에 놀러 나온 아이 가운데 나이가 어리거나 운동신경이 좋지 않아 팀 경기에 제대로 끼지 못하는 아이들을 위해 만들어진 역할을 일컫는다. 일단 공식적으로 깍두기가 된 친구는 골목에서 벌어지는 모든 놀이에 자유롭게 참여할 수 있다. 게다가 승패가 갈리는 긴장감 넘치는 경기를 할 때도 희한하게 다들 깍두기한테만큼은 관대했다.

신기하지 않은가. 게임 규칙을 요만큼만 어겨도 금방이라도 주먹을 말아 쥐고 상대를 향해 달려드는 꼬마 악마들의 세계에 이런 약자에 대한 존중과 배려의 상징인 깍두기가 존재했다는 사실이 말이다. 그것은 아마도 너 나 할 것 없이 골목 놀이터에 깍두기 신세로 등장했기 때문이리라.

나 역시 처음 골목 놀이에 깍두기로 데뷔했다. 새로 이사 간 골목에서 나보다 키가 한 뼘씩 더 커 보이는 언니 오빠 무리에 껴서 함께 놀고는 싶은데, 작고 느리다고 아무도 끼워 주지 않아 서러워 울었더니 그날 바로 깍두기가 되었다. 당시에 나는 깍두기가 무엇인지도 모르고 그저 언니 오빠들과 함께 뛰어 노는 게 좋았다. 열심히 놀다가 집에 와 흐뭇해하며 잠들었던 기억이 난다. 시간이 흘러 나도 좀더 자라고, 골목을 주름잡던 언니 오빠들도 가방 메고 학교로 사라지자, 골목에는 또 다른 깍두기들이 자연스레 생겨났고, 우리 역시 언니 오빠들처럼 그들을 배려하며 함께 놀았다.

이 '깍두기 정신', 그러니까 '못해도 좋고, 느려도 좋으니 우리 함께 놀자'라는 아이들의 마음을 어른들 세계로 가져오면 어떤 의미로 바꾸어 부를 수 있을까. 아마도 '인정머리'가 적당할 것이다. 더 풀어서 이야기하자면 '사회적 약자에 대한 배려, 공동체 정신'일 것이다.

하지만 어느 순간부터 대한민국 도처에서 이런 깍두기 문화가 자취를 감추어버렸다. 공부든 게임이든 남들보다 못하면 또래 문화에서 따돌려지고, 배제되는 게 어느 순간부터 당연시되었다. 그뿐인가. 산업화 시대를 동경한다는 모 인터넷 커뮤니티에서는 그들을 생산적이지 않다는 이유로 무임승차충·복지충이라 일컬으며 혐오한다. 그렇다. 신자유주의 유행을 따라 일부 시민들이 돈을 지상 최고의 가치라고 숭배하기 시작하면서 '재력'이 '실력'이라는 듯이 행동했다. 그렇게 어느 순간 우리는 공동체보다 개인의 가치를, 상호 협력보다 자신의 이익에만 반응하는 사람들을 끊임없이 양산해내기 시작했다.

대체 어디서부터 어떻게 그릇된 인식이 형성된 것일까. 물론 교육과 시스템 등 사회 전반에 걸쳐 생겨난 문화일 것이다. 하지만 나는 이런 식의 대한민국 주류 문화 형성에 2000년대

중반부터 10년 넘게 안방극장에 방송된 공중파 예능 프로그램들도 결정적인 역할을 했다고 본다. 그들이 10년 넘게 텔레비전에 나와 외친 말들, "나만 아니면 돼"라는 외침은 어느 순간부터 사회 문화 전반에 자연스럽게 스며들었다.

물론 프로그램 제작자나 당시 방송에 출연한 예능인들이 방송의 재미와 긴장을 높이기 위해 악의 없이 한 말들이었을지 모른다. 하지만 결과적으로 이런 정서가 어느 순간 시대정신으로 자리 잡아 우리 '더불어, 다같이, 함께'라는 민족 고유의 공동체 사상을 위협했으며 동시에 "운도 실력"이라는 말과 함께 능력지상주의 시대를 일구는 데 지대한 영향력을 행사했다고 생각한다.

이와 관련된 개인적인 일화가 하나 있다. 다니던 회사에서 '신입사원 환영회'라는 대규모 회식이 있었다. 그때 식당 테이블 끝에서 폭탄주를 말던 동료가 맥주잔에 소주를 마구잡이로 들이붓는 게 아닌가. 놀라서 "그렇게 하면 어떻게 해" 하고 묻는 내게 그 동료는 "언니만 안 먹으면 되는 거잖아"라고 하면서 소주가 한 방울도 들어가지 않은 맥주잔을 슬쩍 내밀었다.

나 역시 그때 이런 생각을 했다. '아, 그래. 나만 아니면 되지.' 아마 전 같았으면 정색을 하고 이건 아니라고 말했을 것이다. 하지만 어쩐지 그 무렵에는 나 또한 세상 모든 일이 나만 아니면 될 것만 같았다. 그런데 그 일이 정말 나만 아니면 되는 일이었을까? 결론부터 말하면 아니다. 그날 밤 나는 소주 함량이 높은 폭탄주를 받아 마시고 정신을 잃은 여자 신입사원을 회식하던 장소로부터 한 블록 가까이 떨어진 어느 빌딩의 남자 화장실에서 간신히 찾을 수 있었다. 그때 일을 떠올리면 지금도 아찔하다.

돌이켜보면 우리네 인생에는 이런 '폭탄주' 같은 일이 무수히 일어난다. 이쯤에서 다들 내가 무슨 말을 하고 싶은지 눈치채셨을까? 그렇다. 내가 쓰고 기록하는 이런 사회적 참사 이야기 역시 그날 운 좋게 내가 마시지 않았던 폭탄주처럼 복불복 벌칙 같은 일이라는 이야기다. 다시 말해, 다음에는 내 차례가 아니라는 보장이 없다. 사회적 참사로 고통받는 사람들은 전혀 특별한 이들이 아니다. 그들은 오늘 아침 등굣길에 만났던 학생이며, 어제 퇴근길에 마주쳤던 우리네 이웃이다.

이쯤에서 한 가지 또 잊지 말아야 할 사실들이 있다. 우리는 이들이 흘린 붉은 피로 진보한 세상에서 살고 있는 것이다. 언제나 그렇듯이 사회적 참사 이후에는 관련 법들이 개정된다. 대한민국의 거의 모든 정부는 기어이 소를 잃어야만 외양간을 고쳤다. 하지만 누군가의 희생으로 늦게라도 외양간이 얼추 고쳐진 덕에 우리가 전보다 안전한 세상에서 사는 것 역시 부정할 수 없는 사실이다.

일일이 열거하자면 한도 끝도 없지만, 몇 가지만 대표해서 짚고 넘어가자면 이렇다. 먼저 삼풍백화점 참사 같은 경우에는 사고 이후 정부 주도로 본격적으로 민간 건축물을 감리하기 시작했다. 씨랜드 참사 이후에는 사고예방을 위해 관련 소방법 등이 바뀌어 소방도로 확충이 의무화되었다. 대구 지하철 참사 이후 전국 지하철 내장재가 전부 불연재와 난연재료로 교체되었으며, 몇 해 전에는 물대포에 맞아 돌아가신 백남기 농민 이후로 시위 현장에서 더는 경찰이 물대포를 사용하지 못하게 되었다. 세월호 참사 이후에는 해양안전법이 대대적으로 개선되었고, 현장에서 근무하는 이들의 인식도 전보다 상당히 높아졌다. 최근에 일어난 사건으로는 이른바 '민식이 법'이라 불리는 어린이 보호구역 속도제한 법이 신설되었다.

이렇듯 우리는 어느 정도 서로가 서로에게 빚을 지고 산다. 그러니 상대가 못났든 잘났든 따지지 말고 서로 존중하며 배려하고 살아야 한다. 한평생 넘어지지 않고 걷는 사람이 어디 있을까. 인생이라는 게 열심히 공부해도 도무지 오르지 않는 수학 성적처럼 온몸이 부서져라 일해도 무언가 잘 풀리지 않는 사람이 더러 있는 법이다. 그런 이들에게 개인의 빈곤을 오로지 '노력하지 않아서'라고 몰고 가는 사회 분위기는 매정하기 짝이 없다. 운은 실력이 아니다. 또 우리는 그들의 역사를 모른다. 함부로 타인의 삶을 속단하고 처지를 경멸해서는 안 된다. 사회 문화를 이 지경으로 만든 장본인인 이 시대 어른들이 먼저 나서서 더 늦기 전에 '깍두기 정신', 그러니까 '인정머리'를 다시 부활시켜야 한다.

생각보다 미디어 콘텐츠는 힘이 세다. 나는 군부독재의 서슬 퍼런 탄압에도 굴복하지 않고 많은 창작자들이 1980년 광주 민주화 항쟁의 참극을 계속해서 광장에 내걸었기에 끝내 진상규명 작업이 이루어진 것이라고 생각한다. 이러한 이유로 문화 예술이야 말로 사회 문화를 자연스럽게 개혁할 수 있는 가장 효과적인 도구라고 생각한다.

혹시 1990년대 후반에 방영되어 보는 이들의 마음을 훈훈하게 했던 방송 〈양심냉장고〉를 기억하시는지. 양심을 지킨 이들에게 냉장고를 선물하던 이 방송은, 방송이 어떻게 시민사회에 선한 영향력을 펼칠 수 있는지 보여준 가장 적합한 사례라고 생각한다. 이러한 기적은 당시 진행자였던 이경규라는 예능인 혼자 만든 것이 아니다. 뒤에서 제작을 위해 많은 분들이 애썼고, 또 무엇보다 중요한 점은 전 국민이 적극적으로 이 콘텐츠를 소비해주었기에 가능한 일이었다. 영국의 유명한 소설가이자 철학가인 알랭 드 보통은 한 강연에서 "현명한 소비자가 세상을 바꾼다"고 말했다. 그러니 우리 모두 각자의 자리에서 자신이 할 수 있는 방법으로 사회 문화를 바꾸어보자. 그러면 세상은 분명히 변할 것이다.

나는 기성세대가 다음 세대를 위해 돈으로 가득 찬 국고를 물려주는 것보다 이웃과 생명에 대한 감수성을 길러주는 게 더 중요하다고 믿는다. 순간의 쾌락이나 기쁨은 돈으로 살 수 있지만 행복한 마음만큼은 사기 어렵다. 만약 돈으로 행복한 인생을 살 수 있다면 어째서 부족할 것 없어 보이는 유명 연예인과 대기업 총수 일가의 막장 드라마보다 더한 이야기들을 신문 가십란에서 보겠는가.

더 늦기 전에 다 같이 잘사는 세상을 아이들에게 물려주어야 한다. 어렵지 않다. 내 자식 귀한 줄 아는 만큼 남의 집 아이들도 귀하게 여기고 사랑해주는 정서면 된다. 늦어도 좋으니 함께 가자고, 못해도 좋으니 같이 놀자고 먼저 손 내밀고 기다려주는 아이들이 많아질수록 미래 세대는 지금보다 훨씬 행복한 세상에서 살 수 있을 것이다.

제3장

익숙한 비극 사이에서 건져 올린, 인간이라는 희망

이제 나는 나를 싫어하는 사람 마음을 되돌리는 게

우주 정복보다 어려운 일이라는 사실을 안다.

또 나를 미워하는 사람들이 만족할 때까지

내가 망가지는 것 역시 쉽지 않은 일이라는 것도 안다.

더는 그들이 하는 말에 개의치 않을 생각이다.

그런 걱정 보태주지 않아도 이미 고단한 생이다.

나한테 왜 이런 일이 생겼을까

인간은 의미를 찾는 동물이다. 덕분에 누구나 생에 불행이 닥치면 제일 먼저 "내가 무슨 잘못을 했지? 나한테 이런 일이 왜 생겼지?" 같은 질문을 한다. 본능이다. 어쩌다 감기에 걸려도 사람들은 왜 아픈지 밤낮으로 고민하며 며칠 전 얇게 옷을 입고 나갔던 것과, 요 며칠 신경 썼던 일들을 떠올리며 기어이 납득 가능한 이유를 찾아낸다. 불행에 빠진 사람들 역시 마찬가지다. 말이 되지 않는 일들이 대체 왜 나한테 생겼는지 이유를 알고 싶어 한다. 그래야 어떻게든 이해해볼 수 있으니까. 하지만 안타깝게도 우리 생에는 종종 이런 일들이 아무런 설명도 없이 벌어진다. 해서 그 일들이 각자의 마음에 전부 상처로 남는 것이다. 대체 그런 일이 왜 있었는지 도무지 이해하기 어려우니까, 자꾸만 생각나서 끝내 잊을 수 없게 되는 것이다.

나 또한 마찬가지였다. 오랜 세월 내 생에 왜 그런 비극들이 일어났는지 의문이었다. 지나가는 사람들을 보면 나 빼고 다들 행복한 것 같은데, 어째서 나한테는 자꾸 불행한 서사들이 펼쳐지는지 궁금했다. 그래서 한때는 전국에 용하다는 역술인을 찾아다니다가 결국 '운명'을 직접 공부했다. 오랜 시간에 걸쳐 동서양의 모든 점술학을 공부했다. 사주 명리, 별자리, 심지어 타로카드까지 미래를 알려준다는 도구라면 무엇이든 배웠다. 이유는 하나였다. 다가올 운명을 미리 안다면 뒤에서 던지는 돌 같은 것들을 피하고 살 수 있을 것 같았다.

결론부터 말하면, 인간의 미래는 아무도 모른다. 시중에 나와 있는 점술학들이 다가올 미래의 비극을 점칠 수 있다면 당연히 정부 차원에서 막대한 자금을 들여서라도 용하기로 소문난 역술인들을 대거 공무원으로 채용하고 그들의 보고서를 국정관리 자료로 사용했겠지. 하지만 현실은, 국내는 물론 세상 어느 국가도 역술인에게 국가의 미래를 맡기지 않는다. 도리어 역술인이 정치에 개입하는 순간 어느 나라든 망국의 길로 빠르게 내달렸다.

물론 실력 있는 역술인들의 학문을 싸잡아 매도하고자 하는 말은 아니다. 실제로 계절마다 지역마다 다르게 타고난 사람의 기운과 경향, 운의 흐름 등이 있고, 이는 그들의 통계 자료와 얼추 맞아떨어졌다. 하지만 신이 아니고서야 그 누구도 자유의지가 있는 인간의 길흉화복을 쉽게 논할 수는 없는 노릇이다.

　이 사실을 깨닫고는 그날부로 당장 책상에 쌓여 있던 역술 책들을 전부 갖다 버리고 절에 다니기 시작했다. 지금은 누가 돈을 준다고 해도 그렇게 하지 못할 것 같은데, 그때는 희한하게도 산 깊은 절에 가 있는 게 그렇게 좋았다. 휴대전화도 터지지 않는 첩첩산중 바위에 앉아 있으면 일순간 세상 모든 근심이 사라지고 마음이 편안해졌다. 그뿐인가. 동이 트는 새벽 대웅전에 앉아 바라보던 풍경은 또 어찌나 아름다운지. 툇마루를 따라 저 멀리 안개 속에 겹겹이 보이는 산자락은 어느 솜씨 좋은 동양화가가 그려놓은 한 폭의 수묵화 같았다. 게다가 추운 겨울 산사에서 들었던 법고(북) 소리는 얼마나 가슴 저리게 좋던지. 천년 고찰의 목재로 지어진 공간에서 울창한 숲의 공기 사이로 저 멀리까지 퍼져나가는 법고 소리에는 어떤 콘서트 장에서도 느껴보지 못한 감동과 전율이 있었다.

그렇게 주말마다 기차를 타고 먼 데 있는 산에 다니던 시절, 더러 차 시간을 잘못 맞추는 바람에 달도 뜨지 않은 어두운 밤에 가로등 하나 없는 산길을 휴대전화 불빛에 의지해 걸어 절에 다다르기도 했다. 나는 괜찮은데 도리어 기도 도량에 계시던 보살님들이 귀신 본 눈을 하고 뛰쳐나와서는, "이래 어두운데 다니다 잡귀 들려 무당이 될라 카나. 젊은 아가 겁도 없다. 앞으로는 밝은 대낮에 다니그라" 하며 걱정이 태반인 퉁박을 주시고는 했다. 사실 그때나 지금이나 나는 내 머리카락 한 올 어쩌지 못하는 귀신 같은 것은 하나도 무섭지 않다. 무서운 걸로 치면 오히려 웃는 얼굴 뒤에 검은 속을 숨기고 사는 사람들이 더 무섭다.

한때 집 근처 성당과 예배당을 기웃거리기도 했다. 그런데 당시 내게는 교회 사람들이 말하는 '사랑의 하느님'이라는 개념이 도저히 이해되지 않아 전부 포기했다. 내가 겪은 세상은 사랑의 하느님이 주관하신다기에는 너무나도 불합리하고, 불공평하며, 비상식적으로 굴러갔다. 게다가 나는 삼풍 사고를 통해 예수를 믿고 안 믿고, 착하게 살고 그렇지 않고를 떠나서, 사고가 나던 시점에 각자 서 있던 자리에 따라 무작위로 사람이 죽고 사는 모습을 보았기에, 교회에서 말하는 신의 존재를 도저히 순수한 마음으로 받아들일 수 없었다.

이때까지만 해도 나는 절대자의 존재보다 한 중세 철학자의 유명한 주장을 더 신뢰했다. 만약 신이 있다면 세상이 이 지경일 리 없고, 세상은 이 지경인데 그것을 가만히 지켜보기만 하는 신이라면 그 신은 무능하거나 절대로 선하지 않은 존재라고 말이다. 그러니 교회에 가고 성당에 가도 번번이 "빛이 있으라"로 시작하는 〈창세기〉만 읽어도 화가 나,《성경》을 탁 하고 덮고 뒤도 안 보고 돌아 나올 수 있었겠지.

절은 달랐다. 일단 절에서는 아무도 내 손을 덥석 잡지 않았으며, 누구도 내게 믿음을 강요하지 않았다. 선방에서도 자유로웠다. 보살님들의 대화에 끼고 싶으면 끼고 아니면 한 구석에 누워 이불을 쓰고 자면 되었다. 아무도 자고 있는 나를 흔들어 깨워 이것저것 따져 묻지 않았다. 또 새벽에 기도 도량에 있으면 보살님들께서 따뜻한 핫팩과 홍삼캔디 같은 것을 말없이 건네주시기도 했다. 해서 당시에 교회보다 절에 끌렸다. 지금 생각해보면 아마 살기는 살아야겠는데, 세상 어디에도 마음 붙일 데가 없으니 나도 모르게 자꾸 영적인 공간을 본능적으로 찾아다녔던 것 같다.

나는 절에 가도 다른 신도들과 다르게 부처님 앞에서 그 어떤 소원도 따로 빌지 않았다. 좀더 솔직히 말하면 논리적으로 불상 앞에 앉아 몇 날 며칠 밤을 새고 빈다고 해서 애초에 틀려먹은 소원이 이루어질 것 같지 않았기 때문이고, 이루어져 마땅할 소원이라면 이 난리굿을 치지 않아도 절로 이루어지리라 생각했기 때문이었다. 덕분에 그 시절에 나는 소원성취 기도 대신 어느 스님께서 알려주신 생각 비우는 연습을 했다. 또 잡념을 지우고 남 앞에 기꺼이 낮아지는 습관을 들이기 위해 매일같이 절 수행을 했다

불가에서는 마음과 몸을 절대 다르다고 보지 않는다. 마음을 고치기가 어려우면 사람의 습관, 즉 몸에 밴 태도와 행동부터 고친다. 이런 의미에서 출가자들이 항상 유념하는 게 바로 하심下心이다. 하심이란 쉽게 말해 나를 낮추고 남을 높이는 행동이다. 보통 절에 갓 들어온 행자승들이 제일 먼저 배우는 수행법이다. 법당에서 만나는 상대에게 먼저 합장을 하고, 시선은 늘 낮은 데를 향하고, 되도록 말을 아끼고, 누구보다 먼저 궂은일을 찾아 하는 수행이다. 그리고 하심을 단기간에 익히는 데는 단연코 절 수행이 최고다. 해서 다리에 전에 못 보던 근육이 붙을 정도로 절을 열심히 했다.

그러던 어느 날이었다. 2007년부터 회사에서 근처 보육원인 성심원에 단체로 자원봉사를 간 인연을 시작으로 2014년 이후에는 좀더 본격적으로 드나들며 시설의 이런저런 일들을 도맡았다. 그러다 보니 주말에 도저히 절에 갈 틈이 나지

않았다. 일손 부족한 그곳 사정을 빤히 알면서 내 몸 하나 편하고 좋자고 혼자서 훌쩍 산에 간다는 게 어쩐지 그곳 아이들과 수녀님들에게 죄송했기 때문이다. 그 후로는 절에 가는 시간을 줄이고, 대신 보육원으로 향했다. 그렇게 얼마나 보냈을까. 보육원에서 나는 뜻밖의 순간에 종교 때문에 작은 문제에 부딪혔다. 다른 게 아니라, 아이들과 다 함께 노래를 부르며 식전 기도를 하는데, 기도하지 않는 나를 아이들이 자꾸 신기하게 생각했기 때문이다(요즘은 시설운영 규칙이 바뀌어 자원봉사자와 아이들이 함께 식사도 기도도 하지 않는다).

밥 먹을 때마다 꼬마 녀석들이 자꾸 나를 가리키며 "엄마, 엄마(아이들이 수녀님을 부르는 호칭이다). 이모 기도 안 해요", "엄마, 이모 눈 안 감아요" 하는 것이다. 애들 성화에 못 이겨 한두 번은 가짜로 성호를 긋고 눈을 감았는데, 그게 어찌나 민망하던지. 그날 이후 바로 보육원 옆에 있는 성당에서 예비자 교리를 신청해 석 달간 교육 과정을 수료하고 세례를 받았다.

솔직히 말하면 그때까지도 마음 깊은 데서는 여전히 하느님을 부정했다. 예비자 교리를 지도해주는 분께서 마지막 주 수업에 '내가 만난 하느님'이라는 주제로 에세이를 한 편 써오라는 숙제를 내주었을 때도, 써오라는 에세이 대신 어째서 예비자 교리 중에 이런 글을 받으면 안 되는지에 대한 이유를 빼곡히 적은 반박문을 작성해 제출했다. 하느님을 몰라서 만나려고 왔는데 세례도 받기 전에 이런 에세이를 쓰게 하는 것은 말이 되지 않는다는 내용이었다.

우여곡절 끝에 예비자 교리를 마친 후 많은 분의 축복 속에 세례를 받았다. 특히 평소에 외부활동을 잘하지 않기로 유명한 성심원 수녀님들께서 특별히 이날 많이 찾아와 축하해주셨다. 그러자 엉뚱하게도 이 일 때문에 또 매주 성당에 가야만 하는 신세가 되고 말았다. 왜냐하면 당시 성당에 있던 사람들이 전부 "저 여자 뭐야. 뭔데 저렇게 수녀님들이 단체로 와서 축하하지. 혹시 성소자(예비 수녀)야?" 했고, 뜻밖에도 이 일 때문에 본당의 신자들은 물론이고, 주임 신부님까지 내 얼굴과 본명을 기억했기에 또 할 수 없이 그들의 눈치를 보느라 꼬박꼬박 주일미사에 참석해야 했다.

막상 주일이 되면 보육원에서 시간 가는 줄 모르고 아이들 치다꺼리하다가 일반 신자들을 대상으로 하는 11시 교중미사를 놓치기 일쑤였다. 그러면 어쩔 수 없이 오후에 열리는 청소년미사를 가야 했고, 거기서 또 성심원 아이들을 만나게 되었다. 일이 이렇게 되다 보니 아이들 보는 앞에서 미사 중에 차마 딴청을 부리지 못했다. 그런데 이 짓도 계속하다 보니 어느새 습관이 되어, 이제는 스스로 주일에 성당에 가 주님 앞에서 무릎을 꿇고 기도하는 사람이 되었다.

세례 이후에도 예배당을 한참 겉돌았다. 말 그대로 보는 눈이 있으니 대충 신자 흉내를 낸 것뿐이었다. 그러다가 당시에 다니던 회사에서 제대로 사고를 치고 인사 징계를 받으며, 갑자기 수많은 회사 사람들에게 미움받고 욕을 먹고 나니, 나도 모르게 매일같이 성당에 가 성모님께 자비의 기도를 올리며 눈물을 흘리는 신세가 되고 말았다. 게다가 당시에 사고를 친 나를 감싸고돈다고 죄 없는 우리 본부장·팀장분들까지 회사 사람들한테 욕을 바가지로 먹는 처지였고, 또 내 일에 엮여 '관리감독 소홀'이라는 명목으로 같이 인사징계를 받을 처지가 되었다. 그게 덜컥 겁이 나 성모님 앞에 가 눈물로 자비를 간구해야 했다.

초심자의 기도 운이었을까. 다행히 다들 징계대상에서 제외되었다. 지금 생각해도 정말 감사한 순간이었다. 그 후에는 이제 내 징계위원회를 사내에서 언제, 몇 시, 어디에서 연다는 안내 이메일 하나를 인사팀에서 받았다. 또 막상 그 이메일을 보고 나니 마음이 다시 약해져서 그만 그 자리에서 모든 것을 다 내려놓고 도망치고 싶어졌다. 그냥 '이까짓 회사 확 그만두면 남 보는 데서 욕먹고 혼나고 벌받는 거 다 안 해도 되지 않을까. 그러니 그냥 그만두자' 하는 생각을 했다. 그리고 이 생각을 수녀님과 대화하다가 얼결에 털어놓았다. 그러자 수녀님께서 정색하시며 내게 이렇게 말했다.

"아니야, 자매님. 회사에서 벌주면 그냥 벌받아. 지금 이 상황에 도망치면 자매님은 앞으로 평생 그런 사람이 되는 거야. 그러지 마. 이런 일 생길 때마다 계속 도망 다니며 살 수는 없는 거잖아."

그러면서 당신께서 나를 위해 매일 기도해줄 테니 걱정하지 말고 가서 징계위원회에 다녀오라 하셨다.

과연 수녀님의 기도가 통했던 것일까. 징계위원회가 열리는 날, 드라마에서만 보던 커다란 회의실에서 여러 높으신 분들을 마주하고 앉은 나는 생각보다 침착하게 저간의 사정에 대해 사실대로 설명할 수 있었다.

그때 진짜 그 일에서 도망쳤더라면 이후의 내 인생은 어떻게 되었을까. 잘은 모르지만 분명한 점은 지금보다 상태가 훨씬 나빴을 것이다. 그 후 1년간 나름대로 최선의 노력을 다했음에도 아직도 그때 일을 생각하면 마음이 좋지 않은데, 만약 도망치듯 빠져나왔다면 지금보다 더 깊은 내상을 입었을 것이다. 그 회사에서 보낸 마지막 1년은 말도 못 하게 괴로웠지만, 그 시간 동안 최선을 다했기에 더는 회사에 대한 후회도 원망도 없다. 다시 생각해도 그때 수녀님 말씀대로 하기를 잘했다.

사람 마음이 참 희한하지. 그 후로 나는 신의 존재를 확실히 믿고 의지하는 사람이 되었다. 전에는 몰랐다, 종교는 지식의 영역이 아니라 체험의 영역이라는 사실을. 그러니까 종교는 머리로 이해하는 게 아니라 가슴으로 받아들여야 하는 것이었다. 해서 요즘은 이런 생각을 한다.

'내가 이것을 깨닫느라 그 오랜 시간을 교회 밖으로 돌았구나.'

여전히 절에서도 성당에서도 나한테 그런 일이 왜 일어났는지에 대한 해답은 찾지 못했다. 하지만 시간이 흐르자 자연스럽게 알게 된 것은 있다. 그런 불행은 나뿐 아니라 세상 누구도 겪으면 안 된다는 사실을. 그리고 박완서 작가의 《한 말씀만 하소서》에 나온 한 대목처럼, 나 역시 그런 일을 겪지 말아야 할 이유가 전혀 없다는 사실까지도.

종교에 의지하니 예전처럼 앞으로의 운명이나 미래가 궁금하지 않다. 눈이 앞에 달린 인간은 아무리 노력하고 산다고 해도 뒤에서 던지는 돌을 피할 길이 없다. 그러니 우리는 옆 사람한테 대신 좀 봐달라고 부탁하며 살아야 한다. 그렇다. 인간은 아무리 잘났어도 혼자서는 살 수 없다. 그러니 인간은 공동체 안에서 유기적으로 서로 협력해야 한다.

　나만 해도 그렇다. 그때 내 도움이 절실하다고 생각했던 꼬마 천사들 덕분에 오히려 사랑을 배웠고, 구원까지 받았다. 더 무슨 말이 필요하겠는가.

타인을 안다는 착각

나이를 먹으면 따로 노력하지 않아도 절로 알게 되는 것들이 있다. 특히 누구나 똑같이 나이를 먹지만 모두 다 어른이 되는 게 아니라는 사실과, 어른이라고 해서 전부 올바른 판단만 하지는 않는다는 것들이 그러하다.

나이를 먹는다고 절로 좋아지는 인생 같은 것은 어디에도 없다. 하지만 나이를 먹으면 어려서는 도무지 이해할 수 없던 생의 몇몇 의문이 자연스레 이해되기도 한다. 가령 엄마는 왜 사랑하지도 않는 사람과 결혼했는지, 또 어째서 그 누더기 같은 결혼생활을 계속 이어갔는지, 아빠는 그때 왜 사기꾼의 말을 곧이곧대로 믿었는지, 어째서 한평생 제멋대로 굴던 사람들에게 큰소리 한 번을 치지 않았는지, 왜 다들 금방이라도 현관을 밀고 쳐들어올 것 같은 불행들을 두 손 놓고 바라보기만 했는지 같은 일들 말이다.

입장 바꾸어 생각해보면, 우리 부모 역시 늘 최선의 선택을 한 것뿐이다. 하지만 애석하게도 결과들이 모두 좋지 않았고, 그에 대한 최종 값이 지금 이 순간의 남루한 인생인 것뿐이다. 누가 자식새끼 고생시키려 작정하고서 낳고 기르겠는가. 그저 잘해보고 싶었는데 마음대로 되지 않았던 것뿐이다. 또 부모이기 전에 다들 사람이라 더러 잘못된 판단도 하고 실수도 한 것이다. 게다가 불행은 대체로 상대가 약할 때를 노리니까, 그들도 나처럼 어쩌다 보니 이런저런 일들에 휘말리며 살았겠지.

그렇다. 나이를 먹으니 전에는 도저히 이해할 수 없던 남(가족도 내 기준에는 남이다)의 마음까지도 어느 정도 이해된다. 그리고 어렸을 때는 나이를 먹으면 자연스레 타인에게 너그러워지는 줄 알았는데, 아니다. 실제로 나이를 먹고 보니 오히려 그 반대다. 생에 경험이 쌓이면 쌓이는 만큼 자기 주관이 강해지고, 그로 인해 시야가 좁아지기 쉽다. 그러니 나이를 먹을수록 평소에도 끝없이 자신의 판단을 의심해보는 훈련이 필요하다. 또 이도 저도 확실치 않을 때는 일단 판단을 보류하는 것도 한 방법이다. 가만히 있으면 중간은 간다는 말이 괜히 있는 게 아닐 테니.

　물론 나도 어려서는 불분명한 태도를 무척 싫어했다. 매사에 딱 부러지는 게 좋았다. 해서 노상 상대에게 기면 기고 아니면 아니라고 확실하게 입장을 밝히라고 다그치고는 했다. 요즘에는 그때와 좀 다르다. 뜻밖의 순간에 종종 난처한 표정으로 "글쎄"라고 말하며 어정쩡한 태도를 보인다. 이유는 간단하다. 내일 일을 도무지 알 수 없는 게 사람이기 때문이다. 세상에는 영원한 친구도 영원한 적도 없다. 때로는 지나가는 개보다 믿을 만하지 못한 게 사람이다. 그러다 보니 이제 무엇이든 섣불리 '그렇다' 또는 '아니다'라고 장담하지 못하는 신세가 되었다.

　사실 이런 태도를 지니게 된 결정적인 계기는 따로 있다. 전에 보육원에서 만난 한 자매님 덕분이었다. 당시 나는 세례성사를 앞두고 시끄러운 집안일 때문에 가족끼리 서로 해서는 안 될 말들, 그러니까 찔러 죽인다, 때려죽인다, 태워 죽인다 같은 말들을 주고받던 시절이었다. 방송심의위원회 규정을 준수하는 텔레비전 드라마에서는 결코 나오지 못할 대사들을 서로를 향해 거침없이 퍼붓던 시절이었다. 하지만 그때도 나는 이런 시끄러운 속내를 주위 사람들에게 말하지 않았다. 그러니 내 사정 같은 것을 알 리 없는 사람들은 언제나 아무렇지도 않게 이런 것들을 물어오고는 했다.

"가만히 보면 사치도 안 하는 것 같은데 돈을 벌어서 다 어디다 써?", "검소한 거야, 아니면 소박한 척하는 거야? 차가 이게 뭐니? 차 좀 바꿔. 안 어울려."

그때마다 크게 고민하지 않고 되는 대로 대답했다. 사실 그들에게 나는 그때나 지금이나 나쁜 감정 없다. 애초에 제대로 된 정보를 주지 않은 내 잘못이 훨씬 크니까.

어느 주말이었다. 그날도 다른 때와 마찬가지로 보육원에서 아이들 치다꺼리를 하고 있었다. 그때 갑자기 어떤 분이 원장 수녀님과 나한테 다가오더니 고생한다면서 점심을 대접하고 싶다고 했다. 그분과 함께 원장 수녀님을 모시고 보육원 근처의 한 식당에 갔다. 식당에 마주 앉아 자세히 본 그의 얼굴이 꽤 낯익었다. 전에 보육원에서 오가다 몇 번 본 얼굴이었다.

식사가 시작되자 원장 수녀님께서 함께 축하해달라는 의미로 그분에게 내가 곧 세례받는다는 소식을 기뻐하는 얼굴로 전했다. 그러자 그분이 갑자기 얼굴에 웃음기를 싹 거두더니 이렇게 말했다.

"사람들이 말이야, 세례받을 때 대단한 착각들을 해. 뭐라고 해야 할까? 다들 부활의 영광만 생각한다고 할까? 마치 세례를 받았으니 하느님이 내게 곧 대단한 축복을 주시겠지 하는 거 있잖아. 자기 그거 알아? 세례를 받는다는 것은 실제로 그런 의미가 아니야. 실은 이제 곧 십자가에 못 박혀 사형장에 끌려간다는 이야기야. 그렇지 않아? 생각해봐. 부활이 있으려면 그전에 먼저 죽어야지. 먼저 죽어야 그 후에 부활을 할 것 아니야. 그런데 사람들은 세례받을 때 그 생각은 전혀 안 하더라?"

무례는 이 정도로 충분했는데, 그는 여기서 끝내기에는 조금 부족했던지 굳이 한마디 더 보탰다.

"자기, 살면서 여태 힘든 일 겪어본 적 없지? 사실 나 요 앞에 있는 여학교에서 20년 넘게 교편 잡았거든. 그래서 사람 하나는 내가 귀신같이 봐. 그런데 자기야, 인생 그렇게 호락호락한 것만은 아니다? 그거 항상 생각하면서 살아. 아직 뭘 모르는 것 같아서 알려주는 거야."

잘 알지도 못하는 사람한테 이런 이야기를 듣고 있자니 어찌나 화가 치밀던지. 하마터면 밥숟가락 내려놓고 '이 여자가 진짜 미쳤나' 하고 소리 칠 뻔했다. 하지만 옆자리에서 이미 사색이 되어 안절부절못하고 있는 원장 수녀님을 보고는 차마 그러지 못하고, "네, 감사합니다" 하며 건성으로 대답하고는 식사를 마쳤다. 어찌나 기분이 상하던지, 밥이 코로 들어가는지 입으로 들어가는지 모를 지경이었다.

얼마 뒤에 보육원에 가니, 원장 수녀님이 나를 보고 달려나와 내 손을 꼭 잡고 이렇게 말씀하셨다.

"그때 많이 놀랐지? 그 자매 좀 이상하지 않았어?"

"예, 좀 그랬어요."

그랬더니 원장 수녀님께서 그가 겪은 저간의 사정을 들려주셨다.

알고 보니 그분께서는 지난해 하나밖에 없는 딸아이를 혈액암으로 잃었다고 한다. 당시 딸아이 나이가 고작 스물이었다고, 게다가 평소에 엄마하고 딸하고 세상에 둘도 없는 친구처럼 지내왔다고 한다. 그런 딸이 공부까지 잘해서, 드디어 자신이 희망하던 명문대 의대 합격증까지 받았는데, 글쎄 그놈의 몹쓸 병에 걸리는 바람에 학교 문턱에 가보기는커녕 입원한 지 석 달을 넘기지 못하고 그만 저세상으로 갔다고 한다. 그분은 딸아이를 잃은 충격을 이기지 못하고 직장도 그만두고 두문불출 집안에 틀어박혀 지냈고, 최근에는 남편과도 사이가 나빠져 별거 중이라고 했다. 보다 못한 그분 지인이 이곳 보육원 아이들을 업고 안으면 상심한 마음이 추슬러질 테니 한번 가보라고 추천한 모양이었다. 하지만 그분은 이곳에서도 통 아이들에게 관심을 주지 못했다고 한다. 그분은 이제 아무 하고도 연락하지 않고 지낸다고 한다. 그 이야기를 하며 수녀님은 근심 가득한 얼굴로 내게 물었다.

"별일 없겠지?"

저간의 사정을 듣고 보니, 그제야 모든 상황이 이해되기 시작했다. 그리고 그때 나는 여태 모르고 살던 어떤 사실 하나를 깨닫게 되었는데, 바로 내가 어지간하면 타인의 불행을 우습게 여긴다는 사실이었다. 그때만 해도 오로지 내 상처만 들여다보고 사느라 몰랐는데, 고개를 들어 주위를 둘러보니 많은 사람들이 나와 함께 지옥으로 가는 열차를 타고 있었다. 이유도 저마다의 각기 다른 얼굴만큼 다양했다. 어떤 날에는 내가 하는 말들은 어린애 투정처럼 여겨지기도 했다. 해서 이날 이후로 가급적 나는 남의 일에 함부로 말하지 않으려 노력한다.

덕분에 요즘은 공공장소에서 낯선 사람이 공연히 내게 화를 버럭 내도 '어지간히 속상한 일이 있나 보다. 그만한 사정이 따로 있겠지' 하고 넘긴다. 오래 알고 지낸 친구가 갑자기 연락해 내게 쓸데없는 보험을 팔아도 적당히 속아주기도 하고, 바쁜 사람을 불러내 다단계 행사장에 데려간 성당 자매님께도 전처럼 도끼눈을 하고 따지고 들지 않는다. 나 역시 전에 남들을 속이고, 괜히 성내고, 이상한 짓을 도모할 때는 늘 따로 말하지 못할 속사정이 있었으니까. 그래서 요즘은 이런 생각을 한다.

'안다는 것, 특히 사람에 대해 안다고 말하는 것은 정말이지 큰일 날 일이구나.'

위로는 행동이다

지난해 여름, 왕복 8차선 도로 횡단보도 앞에서 신호대기를 받고 기다리고 있을 때였다. 횡단보도 끝에서 등이 굽은 할머니 한 분이 지팡이를 짚고 천천히 걸어오셨다. 예감이 좋지 않았다. 아니나 달라, 할머니께서 중앙선을 건너자마자 초록색 신호등이 위태롭게 깜빡이더니 금세 빨간불로 바뀌었다. 할머니의 굼뜬 걸음걸이에 조급증 난 차들이 슬쩍슬쩍 위태롭게 움직였다. 도로 맨 끝에 있던 나는 이 상황을 보며 속으로 '어, 이러면 안 되는데. 어쩌지?' 하는 생각만 하고 있었다.

그때였다. 어디선가 오토바이 한 대가 쌩 하고 나타나더니,

할머니를 위협하던 차들을 가로막고 서서는, 할머니가 그 길을 다 건너실 때까지 자리를 지켰다. 무사히 횡단보도를 벗어나는 할머니를 확인하고서는 이번에는 고개를 돌려 운전자들을 향해 가볍게 묵례까지 하고는 어딘가로 다시 쌩 하고 사라졌다. 그때 나는 보았다, 오토바이를 탄 청년의 등에 새겨진 '신속배달'이라는 글귀를.

1년 넘는 세월이 흘렀지만, 내게는 그 일이 마치 어제처럼 선명하다. 아마 그 무렵 너무도 간절하게 느끼고 싶었던 타인의 호의를 현실에서 두 눈으로 보았기에 더 그런지도 모르겠다. 다시 한 번 잘해보자 마음을 다잡고 남은 회사에서, 매일같이 전혀 예기치 못한 수모를 겪어야 했기 때문이다. 그 시절 나는 배려나 호의 같은 마음들, 예컨대 오가며 따뜻하게 반겨주던 눈인사까지 까맣게 잊은 지 오래였다. 그때는 정말이지 뼈가 시리게 고독했다. 한데 그날 그 오토바이 청년 덕분에 오래도록 잊고 지낸 친구, 그 청년과 마음 씀씀이가 비슷했던 예전 친구의 기억 하나를 떠올렸다. 덕분에 얼어붙은 마음 한편에 어렵사리 작은 모닥불 하나를 지필 수 있었다.

은경과 나는 고등학교 2학년 때 같은 반이었다. 당시 어느 학교나 엇비슷한 풍경이었겠지만, 교실의 맨 뒷자리는 교탁에서 물리적인 거리가 가장 멀다는 이유로 암암리에 일진들이 앉았다. 한데 어쩌다 우리 둘은 단지 키가 크다는 이유로 뒷자리에 함께 앉게 되었고, 그 때문에 서로 금세 친해질 수 있었다. 은경은 태생이 선하고 강단 있는 아이였다. 나는 열심히 배우고 노력해도 겨우겨우 착한 일을 할까 말까인데, 그 친구는 아니었다. 한번은 내가 한 학년 높은 선배로부터 하루만 신어보겠다 해 빼앗긴 브랜드 운동화를 돌려받지 못해 속상해하고 있었다. 그는 나를 앞세워 3학년 교실에 찾아가, '이 친구에게 당장 운동화를 돌려주지 않으면 바로 경찰서에 가서 신고한다'고 협박해 완전히 포기하고 있던 운동화를 도로 찾아주었다.

한번은 우리 반 부반장이 다른 반 일진한테 가수 서태지 2집 테이프를 빼앗기고 속상해했다. 은경은 자기 일도 아닌데 그를 찾아가 다시는 이런 일을 벌이지 않겠다는 약속까지 받아내고 테이프를 찾아왔다. 어느 날 내가 "너는 겁도 없다. 걔네들이 무섭지 않냐" 하고 물었다. 그 친구는 내게 도리어 "잘못한 게 없는데 뭐가 무서워?" 했다.

그 후 우리는 3학년까지 줄곧 붙어 다니다가 졸업했다. 내가 노량진 재수학원으로 들어간 바람에 잠깐 뜸하게 연락하다가, 그해 여름 삼풍 사고를 겪은 후 다시 노량진에 가지 않게 되면서 동네에서 만나 종종 어울렸다. 당시 그 친구도 일찌감치 대학을 포기하고 빨리 취직해 돈이나 벌겠다며, 입시 학원 대신 신촌의 한 컴퓨터 학원을 다니며 자격증 시험을 준비하던 시절이었다. 그러던 어느 날이었다. 동네 친구 몇몇과 어울려 저녁에 술을 마시는데, 은경네 집에서 연락이 왔다. 전화기 너머로 친구 아버지가 '밤이 늦었는데 뭐하고 돌아다니느라 여태 안 들어오느냐'고 역정을 냈다. 아버지의 성화에 못 이긴 친구가 알겠다고 금방 간다고 대답하더니 우리에게 난처한 표정을 지어 보이며 "미안한데, 나 먼저 가보아야 할 것 같아" 했다. 나는 그에게 얼른 들어가라고 말하며 아무 생각 없이 "아, 나도 누가 전화해서 일찍 들어오라고 해주었으면 좋겠다"라고 중얼거렸다(당시에 나는 가족과 떨어져 혼자 살고 있었다).

그러자 그 친구가 갑자기 가방을 풀고 자리에 다시 앉더니 주방을 향해 큰소리로 소주 한 병을 더 시키고는 이렇게 말했다. 미안하다고, 실수했다고, 네 앞에서 가능하면 아빠 이야기 안 하려고 하는데 오늘은 깜빡했다고. 너무 놀란 나는 아니라고, 그냥 해본 말이라고, 신경 쓰지 말고 집에 가라고 했다. 친구는 완강하게 고개를 졌더니 아무 말 없이 내 팔을 잠깐 동안 세게 꽉 잡아주었다. 여태 살면서 수없이 많은 위로를 받아보았지만, 이날처럼 제대로 된 위로를 받아본 적은 없었다. 생각했다.

'진짜 위로는 말이 아니라 행동이구나.'

그때는 몰랐는데 이제 와 보니, 은경도 은경이지만 이 친구 아버지 또한 대단한 분이었다. 아저씨는 전라도 출신이었는데 서울에서 두 내외가 오랜 세월 부지런히 일해 그 무렵 서울 외곽에 번듯한 집 한 칸을 장만하셨다. 아마 두 분이 도배장판 일을 하셨던 것으로 기억한다. 그런 연유로 그 집에는 은색 봉고차가 있었다. 은경네 아버지는 김대중 전 대통령의 열혈 지지자였다. 덕분에 이 집은 주말이면 온 식구가 아저씨의 봉고차를 타고 당시 김대중 대통령 후보의 유세장을 찾아다니는 게 일이었다. 심지어 어쩔 때는 나도 하는 일 없이 집에서 놀고 있다는 이유로 아저씨에게 호출되어 보라매공원에서 열리는 민주당 전당대회에 동원되기도 했다.

그렇게 세월이 흘러, 1997년 12월 대통령 선거 날이었다. 당시 김대중 후보와 이회창 후보는 밤새 접전을 벌였고, 이튿날 새벽에서야 김대중 후보의 대통령 당선이 확정되었다. 그날 은경네에서는 그야말로 잔치가 벌어졌다. 아저씨가 시키는 대로 당시 김대중 대통령을 찍었다는 이유만으로 나와 내 친구 몇 명도 그 집에 초대받았다.

잔치 당일, 집 현관부터 부엌에 달린 쪽방까지 술상이 쫙 깔렸다. 그날 모인 사람들은 아저씨 내외의 친인척과 고향 선후배들이었는데, 다들 서로 얼싸안으며 감격의 눈물을 보였다. 사람들이 모이자 현관으로 맥주와 막걸리가 짝으로 쉴 새 없이 들어왔고, 주방에서는 육전에서부터 홍어 삼합, 뜨끈한 술국까지 상다리가 휘어지도록 실려 나왔다. 나는 은경에게 귓속말로 "야, 너희 집이 김대중 대통령 고향집 같아" 했고, 친구는 다른 어른들 눈치를 살피며 조용히 하라고 경고했다. 아니, 내 말이 맞지. 대통령과 하등 상관없는 사람들끼리 이 무슨 난리인가?

술자리가 무르익자, 적당히 취기가 오른 은경의 아버지가 우리 자리에 오시더니 친구들 잔에 맥주를 하나하나 가득 채워주시고는 이렇게 말씀하셨다.

"너희들은 모른다. 오늘이 무슨 날인지. 서울 애기들은 모른다. 80년 광주를."

그러더니 아저씨는 우리에게 "길게 이야기 안 하마. 오늘은 좋은 날이다. 그러니 부족한 거 없이 많이 가져다 먹어라. 그리고 이제부터 건배 구호는 '행동하는 양심'이다. 알겠지? 자, 건배" 했다. 그러고 보니 이 방 저 방에서 술잔 부딪히는 소리와 함께 연신 '행동하는 양심'이라는 소리가 터져 나왔다.

그때는 몰랐다. '행동하는 양심'이 한평생 민주주의자로 살던 김대중 전 대통령 캠프의 슬로건이었다는 것을, 또 친구가 어릴 때 광주에서 서울로 이사 왔다는 것과 그런 이유에서 이 집 막냇동생만 특별히 '경'이라는 집안의 돌림자가 아닌 '민주'라는 이름을 쓰는 것도, 또 그날 밤 그 자리에 있던 사람들은 전부 광주 출신이었다는 것까지도(하도 오래전 일이라, 아저씨네가 실제로 1980년 5월 광주에 있었는지는 정확하게 생각나지 않는다).

이제는 세월이 흘러 술 한잔 들어가면 구성진 가락으로 멋들어지게 〈장밋빛 스카프〉를 부르던 친구네 아버지도 돌아가시고, 어린 나이부터 일찍 철이 들어 더는 부모 고생시키고 싶지 않다며 스스로 대학도 포기하고, 궂은일 마다하지 않고 돈 벌어 동생들 대학 등록금 보태주고, 자기 아버지와 비슷하게 생긴 청년과 결혼해 딸 아들 낳고 잘살고 있는 친구도 지금은 서로의 생에서 자연스럽게 잊혀졌다. 그러나 그날 밤 그 자리에 있던 사람들의 따뜻한 마음을 아직 기억하고 있다.

나는 여전히 믿는다. 내가 몰라서 그렇지, 우리가 몰라서 그렇지, 아직 우리 사회에는 내 친구 은경네 가족같이 남을 생각하는 사람들이 훨씬 더 많이 살고 있다고, 세상에는 여전히 선한 마음으로 자신의 생을 묵묵히 이어가는 사람들이 많다고.

정신과 치료를 받는 일에 대하여

처음에는 정신과 치료가 두려웠다. 약에 중독되는 것은 아닌지, 부작용은 없는지, 아침저녁으로 약봉지를 뜯을 때마다 무서웠다. 어느 날 선생님께 이 이야기를 했다. 선생님이 말했다.

"환자 분께서 지금 암에 걸렸다고 칩시다. 치료 안 할 겁니까? 이것도 환자 분의 생명이 걸린 문제예요. 그러니까 그냥 약 꾸준히 드세요."

의사가 이렇게 단호하게 나오니 어쩔 수 없지. 그 후로는 약을 꾸준히 먹었다. 한데 약을 먹기 시작하니 어라? 의외로 이 좋은 것을 왜 이제 먹었나 싶을 정도로 상태가 금세 좋아졌다. 그 쉬운 일, 그러니까 아침저녁으로 병원에서 받아온 약을 입에 털어 넣기 시작하자 무엇을 해도 소용없던 불면의 밤들이 말끔히 사라졌다. 또 잠을 자기 시작하니 입맛이 돌아 밥을 잘 먹었고, 밥을 먹어 기분이 좋아지니 전에 없던 생에 대한 의지도 생겼다. 그러자 오랜 세월 천천히 망가졌던 일상들이 단계적으로 회복되었다. 또 약을 꾸준히 먹으니 걸핏하면 아무 때나 숨이 차도록 답답하던 가슴도, 쉴 새 없이 벌렁거리던 심장도 많이 좋아졌다. 요즘은 의사가 약을 먹지 말라고 해도 기를 쓰고 먹어야 할 상황이 되고 말았다.

생각해보면 아이들도 잠을 자지 못하면 종일 떼쓰고 우느라 밥을 먹지 않고, 밥을 먹지 않으니 또 깊이 못 자는 악순환이 이어진다. 나 역시 그러했다. 컨디션이 나쁘니 사소한 일에도 늘 예민하게 반응했다. 그러니 세상이 좋게 보일 리 만무했다. 항상 남들을 볼 때 '저 사람은 왜 안경알에 가득 묻은 지문을 닦지 않는 것일까', '이 사람은 왜 슬리퍼를 찍찍 끌고 다닐까', '사회생활하는 사람이 거울도 안 보나. 코털도 안 다듬네' 하는 생각을 했다. 그런데 정신과에서 약을 타 먹기 시작하자 희한하게도 이런 데 신경이 덜 쓰이기 시작했다. 사실 이런 일들은 전부 애초에 내가 신경 쓸 문제가 아니었다. 남이 그러거나 말거나 내가 무슨 상관이라는 말인가.

병원에 다닌 시간이 쌓이는 만큼 증세도 많이 개선되었다.

물론 주변 상황에 따라 증상이 좋아졌다가 나빠졌다가 했다. 그래도 다행인 점은 이제 전처럼 죽고 싶다거나 죽이고 싶다거나 하는 생각은 하지 않는다는 것이다. 이것만 해도 어딘가. 그간 병원 문턱 닳도록 다닌 신발값 이상은 건졌지 싶다.

또 10년 넘도록 매일 정신과 약을 먹고 있지만 남들이 걱정하는 것 같은 부작용은 찾아보기 힘들다. 간수치도 좋고, 모든 장기 기능이 정상이다. 그런데도 요즘도 사람들이 내게 자꾸 약을 꼭 먹어야 하냐고 묻는다. 그러면 나는 말한다. 약을 먹지 않아 잠을 못 자는 바람에 스트레스받는 것보다 약을 몇 알 먹고 한숨 푹 자고 일어나는 편이 훨씬 몸에 좋다고, 그래서 약을 계속 먹을 거라고.

처음 내가 정신과에 간 것은 치료가 목적이 아니었다. 앞서 말했듯 수면제를 잔뜩 타서 한번에 다 털어 넣겠다는 다분히 그릇된 심산에서 시작한 일이다(요즘은 의료통합 서비스 때문에 불가능하다). 실제로 그때 오랜 시간에 걸쳐 꽤 넓고 다양한 지역에서 병원 의사들을 만났고 잠을 제대로 못 잔다고 말해 차곡차곡 약을 받아왔다. 그런데 이 과정에서 뜻밖의 사실을 하나 알게 되었다. 세상에 있는 그 많은 의사 가운데 나와 말이 통하는 의사가 따로 있다는 사실 말이다. 그러고 보니 그렇다. 하다못해 친구만 해도 별 다른 노력 없이 쉽게 친해지는 사람도 있는가 하면 아무리 친해지려 애를 써도 좀처럼 거리를 좁히기 힘든 사람도 있다. 그러니 속 깊은 이야기를 주고받아야 하는 정신과 의사와는 어떨까. 당연히 관계가 제일 중요하다.

나는 정신과 의사를 크게 두 가지로 분류한다. 환자에게 따뜻한 위로를 주고 공감을 잘해 감정적·정서적으로 지지해주는 의사와, 이성적인 태도로 환자가 처한 상황에 맞는 해결책을 제시해주는 의사로 말이다. 물론 둘 다 장단점이 달라서 어느 쪽이 더 좋다고 단정지어 말할 수는 없다. 하지만 내 경우에는 확실히 후자가 잘 맞았다. 어쩐지 나는 만난 지 얼마 되지도 않은 사람이, 말하지 않아도 이미 내 마음을 잘 알고 있다는 표정으로 고개를 끄덕이고는 "그랬군요. 그간 힘드셨겠어요" 하며 성실하게 위로하려 드는 게 불편하다. 해서 진단과 처방을 잘하고 내 기준에서 치료에 필요한 질문만 하는 사람을 찾았고, 다행히 그런 분들을 만나 여태 치료를 잘 받고 있다.

가령 분당에 살 때 나를 담당했던 의사는 환자의 말을 계속 들어주는 스타일이 아니다. 내가 되도 않는 헛소리를 하면 바로 자른다. 우리의 대화는 대체로 이런 식이다.

"마음에 드는 사람이 생겼어요."

"직업은?"

"팟캐스트 제작하고 또 뭐….."

"팟캐스트가 뭐죠?"

"인터넷으로 하는 오디오 방송인데요. 아니, 그게 아니라 그분 꽤 괜찮은 사람이에요. 학교도 좋은 데 나왔고요. 그 팟캐스트가 꽤 유명한데….."

"그러니까 현재 고정적인 수입이 없다는 거네요. 나이는 몇이에요?"

"마흔다섯이요."

"만나지 마세요."

"왜요?"

"환자 분에게 필요한 사람은 정서적으로도 경제적으로도 안정적인 사람입니다. 그분 역시 마찬가지죠. 그분이 왜 환자 분께 호감을 보였을까요? 환자 분이 겉만 보아서는 꽤 안정적인 사람 같기 때문이죠."

한번은 이런 대화를 나누었다.

"요즘 어떻게 지내나요?"

"뜨개질해요."

"하지 마세요."

"왜요?"

"강박증 환자에게 좋지 않아요. 차라리 그 시간에 밖에 나가서 걸으세요."

물론 그간 이런 식의 대화만 주고받았던 것은 아니다. 가끔 내가 깊은 우울에 빠져 그분 앞에서 하염없이 비죽비죽 우는 날에는 정해진 상담 시간을 훌쩍 넘겨 오래도록 이야기를 나누기도 했다. 또 나 역시 누구보다 낫고 싶었기에, 여태 선생께서 해주시는 조언들을 가급적 다 했다. 새로운 모임에 가라면 갔고, 운동을 하라면 했고, 정신의학 관련 서적을 읽으라면 읽었고, 자전거를 타라면 탔다. 하지만 예나 지금이나 그분이 내 병에 좋다고 권유한 한 가지는 하지 못하고 있다. 바로 괜찮은 사람을 만나 연애하고 결혼하라는 조언이다.

그분도 요즘은 이 일을 포기했는지 더는 말하지 않으신다. 대신 최근에는 노후준비의 중요성에 대해 강조하신다. 또 10년 넘는 시간 동안 선생님과 정기적으로 만나 속 깊은 이야기를 주고받다 보니, 이제 주변의 어지간한 친구들보다 선생님과 이야기하는 게 편하고 좋을 때가 많다. 물론 그 바탕에는 내 생에 모든 기록이 담겨 있는 두툼한 정신과 상담 일지 덕분이기도 하겠지만.

몇 해 전에는 회사 때문에 갑자기 이사하는 바람에 전에 다니던 병원이 집에서 멀어져 제때 진료받으러 가지 못해 한

동안 고생한 적이 있다. 해서 다시 지금 사는 동네에서 새로운 병원을 찾아다녔다. 새로운 동네로 이사 오고 제일 열심히 한 일은 맛집 탐방도 아니고 솜씨 좋은 미용사를 찾는 일도 아니라 오로지 나와 잘 맞는 정신과 의사를 찾는 일이었다. 그때 오래 발품을 판 덕에 나는 분당에 계신 선생과는 또다른 의미에서 실력 있는 정신과 선생을 알게 되었고, 그 인연으로 회사에서 짤짤하게 마음고생하던 시절에 무너지지 않고 버텨낼 수 있었다. 눈을 씻고 찾아도 도무지 내 편이라고는 없는 낯선 환경에서 적어도 의사 한 분만큼은 나를 지지해주셨으니까.

스트레스 상황에 장기간 노출되면 가장 약한 데가 제일 먼저 증상을 보인다. 나에게는 그 부분이 정신과 증상이고, 이를 알기에 요즘도 감당하지 못할 스트레스 상황이 생기면 무조건 병원부터 간다. 해서 누가 정신과 치료를 받으러 간다고 하면 옳은 결정이라고 기꺼이 응원해주는 동시에 이왕이면 많은 의사를 만나보고 결정하라고 조언한다. 충동적으로 아무 병원에나 한 번 가보고서는 나와 맞네, 맞지 않네 판단하지 말고, 맞는 의사를 찾을 때까지 적극적으로 찾아 나서라고. 또 마음 깊은 데 있는 말들을 의사 앞에 꺼내기까지는 생각보다 시간이 걸리니 절대 중간에 치료를 포기하지 말라는 말도 덧붙인다.

이와는 별개로 인터넷에 종종 우울증 약을 먹고 무기력해지고 멍해진다는 후기를 보고 미리 겁낼 필요도 없다고 이야기한다. 처방약이 맞지 않으면 충분히 일어날 수 있는 일이다. 이런 경우에는 의사와 상의해 처방약 성분을 바꾸어가며 치료받으면 된다. 정신과 치료를 다른 말로 '처방의 예술'이라고도 한다. 그러니 의사와 상의해서 본인에게 맞는 약을 맞추어가라고 조언한다. 약이라는 게 묘해서 사람마다 다르게 듣는다. 나 같은 경우 생리통에 먹는 진통제는 시중에 있는 모든 약이 듣지 않지만 유일하게 탁센만 효과를 본다.

특별한 경우가 아니라면 정신과는 가급적 집에서 가까운 곳을 찾으면 좋다고 한다. 아니, 그렇지 않은가. 지금 당장 마음이 아파 죽겠는데 어떻게 두세 시간 거리에 있는 병원을 간다는 말인가. 가는 도중에 까무러치고 말지. 사실 찾으려는 마음만 있으면 명의는 어디에나 있다. 그러니 병원은 가급적 본인이 거주하는 동네에서 찾아야 한다. 정신과 치료와 함께 심리상담까지 병행하면 효과가 더 좋다.

정신건강 관련해서 전 세계 여러 석학이 말하기를, 가장 좋은 치료제는 관대하고 꾸준한 어른의 사랑이라고 한다. 그리고 사회적 동물인 인간은 지난 20만 년 동안 무리지어 살던 습성 때문에 자꾸 남들과 소통하고 살아야 한단다. 또 최소한 매일 세 명 이상의 성인과 이야기하며 사는 게 정신건강에 좋다고 한다. 그런데 요즘 같은 세상에 주변에 마음 맞는 사람 세 명을 찾는 게 말처럼 쉬운 일인가. 특히 코로나로 세상과 완전히 단절된 시기에는 더더욱 힘들다. 그러니 이 글을 읽는 분들 가운데 가슴속에 말하지 못할 고민이 있다면 주저하지 말고 정신과 문부터 두드리시기를 바란다. 당신의 고민을 들어줄 최소한의 의사, 아니 어른 한 명은 그곳에 있으니.

여담이지만 코로나 이후 정신과는 유례없는 호황을 누리고 있다. 전에는 정말 이렇게 손님이 없어도 유지가 될까 싶던 병원에 요즘 코로나블루 여파와 정신병에 대한 사회적 인식이 개선되어 많은 분들이 찾고 있다. 여태 10년 넘게 정신과를 다녔지만 이런 문전성시는 처음이다. 그러니 생에 처음으로 정신과를 갈까 말까 고민하고 있다면 모두가 정신과를 가는 요즘이 가장 좋은 시기가 아닐까 싶다.

하지만 이렇게 틈만 나면 어디서나 열심히 정신과 치료에 대해 칭찬을 아끼지 않는 나 역시 아이러니하게도 정신과에 다니는 것을 주변 사람들에게 알리는 일만큼은 신중히 결정하라고 충고하는 편이다. 그렇다. 이 일도 좋을 때는 모르지만 상황이 나빠지면 꼭 약점이 되고 만다. 상대를 흠집 내고 싶어 안달하는 사람에게 정신과 환자라는 정보는 너무 큰 떡밥이다. 그러니 이 부분은 본인 스스로 알아서 판단하시고, 신중히 행동하시기를 바란다.

물론 나는 사람들이 내게 약쟁이에 정신병자라고 손가락질해도 앞으로도 꾸준히 병원에 갈 것이다. 왜냐하면 내 병을 고칠 수 있는 사람들은 내 뒤에서 나를 욕하는 그들이 아니라, 내 병에 대해 전문 지식을 갖추고 계신 정신과 의사니까.

이제 나는 나를 싫어하는 사람의 마음을 되돌리는 게 우주 정복보다 어려운 일이라는 사실을 안다. 또 나를 미워하는 사람들이 만족할 때까지 내가 망가지는 것 역시 쉽지 않은 일이라는 것도 안다. 아마 여전히 나를 미워하는 이들은 내 부고 소식이나 받아보아야 증오를 멈출 것이다. 더는 그들이 하는 말에 개의치 않을 생각이다. 그런 걱정 보태주지 않아도 이미 고단한 생이다.

다시 배워나가는 일상

언젠가 사람들이 나더러 자꾸 글을 잘 쓴다기에, 그간 여러 차례 글쓰기를 시도했다. 한데 하나같이 잘 안되었다. 글쓰기를 따로 공부해본 적도 없는데다가 숫제 이야기를 새로 지어내는 데는 영 재주가 없었다. 그러던 몇 해 전에 뜬금없이 무슨 바람이 불었는지, '혹시 내게 시詩적 재능이 있지는 않을까' 하는 마음이 들어, 신촌에 있는 한 작은 문화센터에서 강성은 시인이 주관하는 시 작법 수업을 4주간 들은 적이 있다. 물론 평소에 좋아하던 시인의 시 수업을 듣는다는 것 자체만으로도 즐거운 경험이었지만, 불행히도 그 수업을 통해 다시 한 번 내게 '창작'의 재능이 없다는 사실을 확실히 깨닫고 말았다.

한번은 '고독'을 글로 표현하는 시간이 있었다. 다른 수강생들이 전부 "안개 숲에 홀로 사는 푸른 눈의 외눈박이" 같은 말들을 할 때, 나 혼자 "와이파이가 잡히지 않는 곳에 있는 아이폰" 같은 이야기를 해, 강의실에 앉아 있던 모든 이의 동공을 일시에 크게 만든 적도 있다. 해서 수업 도중에 시인은 항상 내게 따로 시적인 언어로 말하는 법을 설명해주는 수고를 해야 했다. 결과적으로 그게 어느 정도 효과가 있었는지, 시인께서는 종강 시간에 '나를 표현하는 시 쓰기'라는 주제로 쓴 내 습작시를 보고는 고개를 갸웃거리며, "분명 어떤 재능이 보이는데, 그게 시적 재능인지 아닌지는 잘 모르겠다"고 하셨다. 하지만 문체가 솔직하고 독특하니 앞으로도 계속 글을 써보는 게 어떻겠냐고 권했다. 나는 그때 시인의 말을 웃어넘기며 "아니에요. 앞으로 저는 그냥 일기나 쓸래요" 했다. 그로부터 머지않은 미래에 실제로 이렇게 글을 쓰며 살게 될 줄 상상도 하지 못하고 말이다.

그때 시인이 칭찬해준 문장은 이거였다. "나는 한평생 다금바리를 잡겠다고 고등어를 내다 버린 어부다." 앞서 여러 차례 밝혔듯, 어린 나이에 드라마틱한 죽음을 경험하고는 이후의 삶에 영 재미를 느끼지 못했다. 말 그대로 나는 내게 주어진 젊은 날을 감사한 줄도 모르고 전부 길바닥에 쏟아부으며 살았다. 그뿐인가. 나가 놀아도 시원찮을 그 시간에 나를 가두고 벌주며 살았다.

하지만 그 시간을 겪으면서 나는 내 안에 있는 완벽하게 상반된 마음도 깨달았다. 그렇게나 죽고 싶다던 그 시절에도 나는 무척 살고 싶어 했다는 것, 그러니까 내 의식, 즉 생각은 계속 죽고 싶다고 했지만, 정작 내 무의식인 본능은 있는 힘을 다해 나를 살리려 했다. 예를 들어 아파트 3층에 살 때는 높은 데 살면 뒤도 안 돌아보고 창문을 열고 나가 몸을 던질 것 같더니, 정작 고층 아파트에서 베란다 창문을 열어 발아래를 보니 어찌나 오금 저리게 무섭던지. 깜짝 놀라 엉덩방아를 찧으며 뒤로 나자빠지고는 방까지 겨우 기어갔다. 사람 몸이 희한하지? 그 후로는 전에 없던 고소공포증이 생겨 요즘은 높은 데도 잘 못 간다. 그뿐인가. 더는 이렇게 하루도 못 살겠다고 울다 지쳐 잠든 밤에도 속이 불편하다며 눈도 제대로 못 뜨고 일어나서는 소화제를 찾아 입에 털어넣고 손까지 야무지게 땄다. 그 밤에 침대에 가 누우며 명확한 사실 하나를 깨달았다.

'아, 나 사실 되게 살고 싶구나.'

그 후로는 본격적으로 살기 시작했다. 이 무렵이 앞서 언급한 가방 메고 절에 다니던 시절과 얼추 맞아떨어진다. 당시 내 친구들은 주말마다 배낭 메고 전국의 사찰을 누비는 나를 이해하지 못했다. 다들 '혼자 따로 재밌는 거 하러 다니겠지' 했다. 절에 다니며 또 하나 좋았던 게, 산사에 머물 때 전국 각지에서 온 보살님들과 선방에서 도란도란 이야기를 주고받은 시간이었다. 전국 각지에서 온 보살님들의 맵고 짠 인생 역정 이야기를 듣고 있으면 내 인생은 복에 겨운 투정에 불과해졌다. 다들 가슴 한쪽에 드라마 한 편씩은 너끈하게 끌어안고 사셨으니까.

여름에도 절절 끓는 선방의 온돌에 누워 서로의 이름도 연락처도 묻지 않고 천장을 보며 다들 자유롭게 자기 이야기들을 꺼냈고, 그러면서 꽤 많은 순간 서로가 서로에게 위로와 격려가 되었다. 이 역시 내가 인정하기 싫은 생의 몇 안 되는 진리 가운데 하나인데, 상처를 주는 것도 사람이고, 그 상처를 치유하는 것도 사람이다. 물론 둘은 다른 사람일 확률이 높지만.

그 무렵부터 나도 보살님들이 일러주시는 대로 계속 마음 수행을 이어갔다. 일상에서도 수시로 호흡명상을 하며 노상 허공으로 떠돌던 마음들을 내 안으로 끌어모으는 데 집중했다. 또 그때부터 내가 머물다 가는 자리는 흔적도 남지 않게 쓸고 닦기 시작했다. 전에는 어쩌다 이사나 한 번 해야 빨아 널던 이불과 커튼도 수시로 빨고 다렸다. 그러자 희한하게도 불 꺼진 집에 혼자 오래 있어도 더는 전처럼 괴롭지 않았다. 오히려 번잡한 데 나가 있으면 정신이 사나워 얼른 집에 가 쉬고 싶다는 생각이 들 정도였다. 덕분에 결벽증이라는 새로운 병증을 얻었지만.

또 전에는 배가 고프면 아무거나 대충 되는 대로 먹었는데, 이때부터 내 손으로 직접 요리해 먹기 시작했다. 처음에는 모든 게 엉망이었지만, 될 때까지 하니까 결국 되었다. 좀처럼 늘지 않는 칼질을 익히기 위해 한동안은 무 생채와 오이 피클을 엄청나게 만들었다. 물론 맛은 어지간히 없었다. 하지만 이제 더는 칼질이 고되지 않다. 이것만으로도 장족의 발전이다. 그러고 보면 사람 사는 게 참으로 별것 없다. 일단 끼니를 잘 챙겨 먹으면 대번에 몸부터 좋아지고, 몸이 좋아지면 나쁜 생각도 확실히 덜하게 된다.

이런 경험 때문에 요즘도 주변에 사는 게 괴롭고 힘에 부친다는 사람이 있으면 무조건 집에 데려와 밥부터 해 먹인다. 대단하지 않아도 정성을 다해 음식을 마련해놓은 식탁에 앉으면, 누구라도 차린 사람 성의를 봐서라도 억지로 밥 한 술은 뜨게 되고, 그렇게 밥을 좀 먹고 나면, 밥 먹는 잠시 동안만이라도 삶의 고단함이 잊히기 때문이다.

　나 역시 힘든 시절에 주변 사람들로부터 이런 식으로 위로를 받았다. 어느 누구한테 차마 속 시원히 털어놓지도 못하고 자다가 일어나 혼자 벽을 치고 울 때, 우리 수녀님들께서 혹은 대모님께서 내 마음을 귀신같이 아시고는 항상 따뜻한 집밥부터 해 먹이셨는데, 그게 너무나 좋은 기억이었다. 해서 요즘은 나도 주위 사람들이 울먹이며 속 이야기를 하면, 일단 밥부터 먹자고 한다.

　또 이 무렵부터 정신 사납던 대인관계도 단박에 정리했다. 나보다 나이가 많건 적건, 피가 섞였건 아니건, 알고 지낸 지 얼마가 되었건, 그간 내 쪽에서 참고 만나던 관계들을 전부 정리했다. 말하자면 그때부터 주변 사람들에게 좋은 사람으로 보이고 싶던 나를 버리고, 관계가 주는 스트레스를 덜 받고 싶어 하는 나를 선택한 것이다. 대신 그 자리는 언제든 웃으며 만나고 손 흔들며 헤어질 수 있는 사람들로 채웠다. 전에는 결코 하지 않았던 일, 새로운 모임에 나가 사람을 만나는 일도 적극적으로 했다.

　그때 지역에서 하는 토론 모임에 나갔다가 참 좋은 사람들을 만났고, 그게 인연이 되어 훗날 함께 팟캐스트도 제작하는 등 새롭고 재미있는 경험도 할 수 있었다. 아쉽게도 함께하던 멤버에게 사정이 생겨 20여 회밖에 진행하지 못했지만, 이 일을 통해 분명 또 나는 무언가를 배웠다. 각기 다른 나이·직업·세계관·성격인 개성 넘치는 패널들의 이야기를 꽤 오래 집중하고 들었기 때문이다. 서로 다른 지역에서 성장한 전혀 다른 생의 서사를 지닌 이들의 눈물겨운 성장과정과 생존투쟁 이야기를 전해 들으며 어떤 때는 생각지도 못한 지점에서 큰 위로를 받았다. 그리고 초대 손님을 통해 그 기회가 아니었다면 평생 모르고 살았을 만한 이야기들도 귀에 못이 박히게 전해 들을 수 있었다. 물론 이들의 이야기를 여러 차례 반복해 들으며 학습할 수 있었던 것은 내가 오디오를 편집했기 때문이다. 역시 그냥 얻어지는 것은 어디에도 없다.

최근에 우연히 당시의 녹음 파일을 다시 들었는데, 내가 아직도 남의 이야기에 제대로 공감하지 못하는 것을 깨달았다. 당시 한 패널이 남미 여행에 대한 좋은 이야기를 많이 해주었는데, 다른 패널들과 다르게 나 혼자 계속 그 상황에 감정이입하지 못하고 그에게 다그쳤다. 조금 더 구체적으로 설명해보라고, 더 상세히 묘사해보라고, 예를 들어서 어떤 느낌이었냐고, 비유적으로 말해보라고. 그러자 평소에 맞다, 틀리다, 좋다, 나쁘다 정도의 심플한 사고를 하는 우리의 공돌이

패널은 방송 내내 꽤 당황했는데, 당시에 나는 이 사실을 전혀 알아채지 못했다. 그래서 늦었지만 이 일에 대해 최근에야 진심으로 사과할 수 있었다. 물론 뒤끝 없는 성격인 그는 여태 이 일에 대해 별 생각 없었지만 말이다. 이런 식으로 뒤늦게 일상을 하나하나 다시 배웠다.

물론 여전히 세상에 모르는 마음이 있다. 바로 자식을 낳고 기르는 부모의 마음이다. 해서 나는 이들의 마음까지 공부하기로 했다. 말하자면 내 나이에 평범하게 가족을 이루고 사는 보통사람들의 마음을 헤아려보는 것 말이다.

그나마 보육원에서 아이들을 업고 안으며 아이가 어떤 존재인지 희미하게라도 알게 되어 다행이라고 생각한다. 전에 아이를 모르던 시절에는 카페나 식당에서 "우리 아이 예쁘죠" 하는 얼굴을 하고 눈앞에 어린애를 들이미는 사람들의 시선을 피해 굳이 가방을 뒤져 휴대전화를 꺼내 보던 나였다. 어느 정도 대화가 통하는 초등학생이면 모를까 똥오줌도 못 가리는 아기는 딱 질색이었다. 하지만 볼 때마다 두 팔을 쫙 벌리고 다가오는 보육원 녀석들에게 말로는 다 설명할 수 없는 감동을 느꼈다.

애석하게도 그 후로 서울로 이사를 오고 엎친 데 덮쳤다고 코로나까지 유행하는 바람에 오래도록 아이들을 보지 못하지만, 요즘도 마음이 좋지 않은 날에는 그때 찍은 아이들 영상을 찾아본다(보육원에서는 인권 문제로 원칙적으로 사진 촬영이 불가능하나, 그 시절 나는 보육원 홈페이지 관리 일도 같이했기에 자유롭게 사진을 찍을 수 있었다). 그럼에도 내 속으로 낳고 기른 아이가 주는 기쁨과 슬픔을 모두 겪은 부모 마음을 감히 안다고 하면 새빨간 거짓말일 것이다. 그렇다. 나는 모른다. 어느 화창한 봄날 아침 수학여행 다녀오겠다고 웃으며 집을 나간 아이들이 돌아오지 않는 그 밤들이 주는 비탄을 모르고, 불의의 사고로 아이를 잃은 부모들의 끝없이 이어지는 통곡을 모른다. 해서 요즘은 이 사실이 괴롭다. 그 마음을 잘 알면 이 말도 안 되는 비극에 대해 좀더 자세히 적을 수 있을 텐데, 그러지 못하는 신세라서 말이다.

그래서 결심했다. 나는 앞으로도 나 따위가 감히 짐작도 못 해보는 자식 떠나보낸 부모들 심정은 잠시 덮어두고, 본래 이 글을 쓰기로 결심했던 취지대로 당시 그 배에 타고 있었던 열여덟 살 아이들을 위해 글을 쓰고 말하며 살 생각이다. 혹시라도 살아남은 아이들이 나처럼 힘든 시절을 보낼지도 모르니까, 그렇다면 그때 우연이라도 내가 써놓은 글들이 위로가 될지도 모르니까.

밥 먹고 다니라는 말

외국인들이 의외로 의아해하는 한국 문화가 하나 있다. 가족도 아닌 타인이 자신의 밥 사정을 집요하게 묻는다는 것이다. "밥은 먹었냐", "뭐 해 먹었냐", "혼자서 어떻게 해 먹느냐", "한국음식이 입에 맞느냐" 같은 말들.

나 역시 처음 회사에 입사했을 때, 사람들이 내게 무엇을 먹었는지 물어보는 게 그렇게 신기했다. 남이야 개구리 뒷다리를 튀겨 먹든 오리 주둥이를 삶아 먹든 무슨 상관일까. 이런 정서가 진부하다고 생각했다.

그때는 한 번 먹으면 하루 이틀쯤 배고픔을 느끼지 않는 약이 있으면 좋겠다고 생각했다. 밥은 차리는 것도, 치우는 것도, 심지어 먹는 것마저 귀찮은 일이라 여겼다. 이런 이유에서 한동안 주변에 식탐을 부리는 사람들을 은근히 경멸했다. 가장 본능적인 욕구인 식욕조차 감추지 못하는 태도가 문명인으로 보이지 않았기 때문이다. 그러니 어쩌다 출장길에 사람들이 오랜 시간 공들여 찾은 현지 맛집에 가자고 해도 도무지 반갑지 않았다. 그저 길거리에서 간단하게 커피와 샌드위치를 먹고 나머지 시간에 쉬고 싶었다. 하지만 지금의 나는 그 시절의 내가 안타까울 정도로 맛집을 찾아다니는 데 열성적이다. 그뿐인가. 이제는 내 손으로 음식 만드는 데도 갖은 정성을 다 쏟는다. 이유는 간단하다. 밥만 제때 잘 먹고 다녀도 세상의 근심이 반으로 준다는 사실을 체험했기 때문이다.

전에 한참 병증이 심했을 때다. 여지없이 불면의 나날을 보낸 어느 날 아침, 느닷없이 '집에서 가장 먼 바다로 가 몸을 던져야겠다', '이대로 더는 못 살겠다' 하는 생각이 들었다. 그렇게 비장하게 각오하고 차에 올라 시동을 걸고 무조건 남쪽으로 향했다. 하지만 이게 무슨 운명의 장난인가. 그날 뜻밖에도 봄나들이 가는 행렬에 파묻혀 경부고속도로 하행선 한복판에서 오도 가도 못 하는 신세가 되어버렸다. 그렇게 시간이 흐르자 어라? 애초에 먹었던 나쁜 마음은 점점 희미

해지고, 갈증이 나고 허기가 지는 게 아닌가. '차도 막히니 일
단 가까운 휴게소에 가 밥을 좀 먹자' 해서 차머리를 돌려 휴
게소 식당으로 들어가 소머리국밥을 주문해 먹었다.

뜨끈한 우거지국물에 밤새 쪼그라들었던 속이 풀리기 시
작했다. 밥알 하나하나가 어찌나 맛깔나고 고소하던지, 나중
에는 숫제 사발을 들고 국밥을 들이켜고 말았다. 그렇게 정
신을 못 차리고 밥을 먹고 나니 이제 시원한 아이스 아메리
카노가 한잔 생각나는 게 아닌가. 해서 자연스럽게 카페로
발걸음을 옮겨 커피를 주문했다.

카페 종업원은 무례하지 않은 선에서 나를 아래위로 훑어
보았다. 그제야 내 차림새가 지금 이 상황에 몹시도 맞지 않
는다는 것을 알아차렸다. 한껏 멋 부리고 나온 나들이객 사이
에서, 나 혼자 어깨 아래까지 기른 검은 머리를 빗지도 않은
채 사방으로 풀어헤치고, 파자마에 슬리퍼 차림이었다는 사
실을. 얼른 손가락으로 머리를 대충 빗어 넘기고, 파자마 위에
걸친 후드티를 최대한 매만진 뒤에 커피를 받아 들었다. 그리
고는 조용히 휴게소를 빠져나와 슬쩍 유턴을 해 다시 집으로
돌아가 아무 일 없었던 것처럼 실컷 잤다. 그때 생각했다.

'앞으로 크든 작든 생의 어떤 결정을 내리기 전에는 무조
건 밥부터 먹고 하자.'

하지만 사람 사는 일이 어디 뜻대로만 되는가. 그 후로도 신경 쓰는 일이 생기면 여지없이 입맛부터 떨어졌다. '마음고생만큼 확실한 다이어트는 없다'는 말은 진리였다.

퇴사하기 얼마 전, 어지간히 속앓이를 할 때였다. 당시에는 그 일이 왜 그렇게 세상의 전부 같았는지 모르겠다. 그간 겪은 불행들 때문에 이제 어지간한 일에는 놀라지도 않는다 생각했는데 천만에 말씀, 만만에 콩떡이었다. 사람에게 배신당하는 것은 새롭게 아팠다. 친구라 믿었던 이들에게 베풀었던 수많은 선의들이 도리어 날선 비수로 돌아와 등에 박히니 가만히 서 있다가도 툭하면 아무데서나 주저앉아 울고 싶은 심정이 되고 말았다. 게다가 "사람 보는 눈 없다", "왜 아무나 덜컥 믿느냐" 같은 주변 사람들의 충고를 들을 때는 어찌나 내 자신이 못나 보이던지. 자꾸만 자다 일어나 가슴을 치며 울었다. 이 모든 게 내 탓 같아서.

그러던 차에 보육원에 봉사를 갔다가 나만 보면 무조건 밥부터 먹이고 보는 수녀님을 우연히 만났다. 오랜만에 본 수녀님께서는 한참이나 내 얼굴을 진지하게 들여다보시더니 "얼굴이 왜 이렇게 상했느냐" 묻고는 얼른 식탁에 가 앉으라 하셨다. 나는 거의 애원조로 "밥 먹었다", "배부르다", "제발 아무것도 하지 마시라" 했지만, 수도자 고집을 누가 꺾는단 말인가. 수녀님은 들은 척도 하지 않고 한 숟가락이라도 좋으니 당신이 차려주는 밥 먹고 가라 하셨다.

수녀님은 콧노래를 부르며 냉장고에서 이것저것 재료들을 꺼내 뚝딱뚝딱 하시더니 금세 내 앞에 돼지고기를 잘게 썰어 넣은 묵은지 비지찌개에 가자미 튀김, 잘 썬 포기김치를 내주셨다. 수녀님 성화에 못 이기는 척 숟가락을 들어 찌개를 한술 떴는데, 이게 웬일인가. 눈알이 다 튀어나올 정도로 맛있는 게 아닌가. 비지찌개는 고소하고 칼칼했고, 가자미도 바삭하니 일품이었다. 그 위에 곁들인 수녀원 김치는 말해 무엇 할까. 어느새 나는 정신없이 밥을 퍼 먹고 있었다. 그렇게 한참이나 고개 처박고 밥을 먹는 나를 본 수녀님께서 이럴 줄 알았다는 듯이 미소를 지으시며 "거 봐. 먹으니까 또 먹어지지?" 하셨다.

이내 밥상을 무르자 수녀님께서는 다과를 내오셨다. 차를 마시며 그간 속 썩은 일들을 수녀님께 막 쏟아놓았다. 수녀님께서는 손수건을 건네시며 이렇게 말씀하셨다.

"사람들 말 신경 쓰지 마. 누구는 사람 볼 줄 아나. 우리 다 마찬가지야. 자기 자신도 못 보는 게 인간인데…. 근데 잘 가고 있는 나 등 떠밀어 넘어트리는 것도 사람이지만, 그런 나 일어나라고 손잡아주는 것도 사람이야. 그러니까 너무 실망하지 마."

그 말씀에 어찌나 눈물이 나던지 수녀님 손수건에 코까지 풀어재끼며 한참을 그 자리에서 울다가 나왔다. 그런데 수녀님 앞에서 마음껏 울고 나니까 그렇게 개운할 수가 없었다. 누가 그랬더라. 눈물은 악마의 것이 아니라 천사의 것이라고, 울음은 치유라고. 그렇게 울고 나니 내 인생에서 중요한 게 무엇일까 생각하게 되었다. 그것은 회사도, 사람들의 평판도, 자존심도, 체면도 아니었다. 이미 다 지나간 일이다. 내게 가장 중요한 것은 이 세상을 마치는 날까지 지키고 싶은 반복적인 일상, 오랜 세월 힘들게 다시 만든 생활의 규칙들이었다. 세상에 내 몸보다 중요한 게 뭐가 있을까. 건강에 해롭다면 당장 회사를 때려치우는 게 맞다.

그날 이후로 과감하게 회사를 그만두었다. 물론 대책 같은 것은 없었다. 수녀님께서는 왜 안정적인 직장을 버리느냐며 말리셨다. 하지만 이미 마음속 기차는 경적을 울리며 역사를 빠져나갔다. 그렇게 과감하게 정규직을 때려치우고 비정규직으로 사는 바람에 입에 풀칠만 하지만 그때보다 마음은 억만 배 편하다. 그것으로 충분하다.

우리가 건넨 무수한 밤에 대한 인사는 '다정한 안부' 가운데 하나다. 여기에는 말로 다 할 수 없는 많은 의미들이 축약

되어 있다. "밥은 먹었니?", "밥을 왜 안 먹어. 무슨 일 있어?", "언제 한번 만나서 밥 먹자", "밥 잘 챙겨 먹고 다녀" 등. 나 역시 그 후로 재미있게도 친구들의 밥 사정을 필사적으로 헤아리며 산다. 전화를 하든, 만나서든 시작 인사도 끝인사도 온통 밥 이야기다. 심지어 내 앞에서 우는 사람이 있어도 "우는 건 좋은데 밥은 먹고 우는 거냐"고 묻는다. 그러면 십중팔구 울다가 웃으며 이 상황에 어떻게 그런 질문을 하느냐고 묻는다. 하지만 나는 진심이다. 우는 건 좋은데, 기운 빠지니까 조금 참았다가 밥 먹고 실컷 울었으면 좋겠다.

제4장

상처가 상처를
끌어안을 때

대부분의 사람들은 자신의 행동이

어떤 결과를 일으킬지 잘 모른다.

모르면 그럴 수 있다.

나도 그러했고, 당신도 그렇고, 우리 모두 그럴 수 있다.

반대로 알면 그럴 수 없다. 그러니까 알아야 한다.

그 말을 하며 나는 속으로 또 한 번 다짐했다.

'아, 계속 말해야겠다. 이게 어떤 슬픔이고 고통인지

사람들이 알 때까지 내가 자꾸자꾸 말하고 다녀야겠다.'

삼풍과 세월호

우연히 페이스북에서 자칭 '우파 여신'이라는 분의 글을 보았다. 어째서 지속되는 국가 재난 중 세월호 참사에만 유난이냐는 목소리였다.

"삼풍백화점 붕괴는 몇 주기야? 성수대교 붕괴는? 대구 지하철 참사는? 나머지 참사들도 매년 4월 16일에 한 번씩 이런 식으로라도 생각들 해주자, 좀."

이 글을 보고 화가 나서 잠을 이루지 못했다. 아니, 솔직히 말하면 한참 울었다. 사람들이 참 잔인하다고 생각하면서 말이다. 그러다가 이런 생각이 들었다.

'내가 삼풍백화점 사고 생존자니까 삼풍백화점 사고와 세

월호 사고는 어떻게 다른지, 어째서 세월호 사고를 우리가 기억해야 하는지 직접 말해주어야겠다.'

먼저 삼풍백화점 사고는 사고 직후 진상규명이 신속하고 정확하게 이루어졌다. 대통령이 대국민 담화를 통해 참담하고 비통한 얼굴로 머리를 조아렸으며, 피해 대책 본부가 빠르게 구성되어 사고 원인을 조사하고 피해 보상을 약속했다. 당시 조순 서울시장은 내가 입원해 있던 역삼동의 작은 개인 병원까지 찾아와 위로했으며, 매일 아침저녁으로 뉴스에서 사고 책임자들이 줄줄이 포승줄에 묶여 구치소로 수감되는 장면이 보도되었다. 언론들은 저마다 삼풍백화점 사고의 붕괴 원인을 분석하고, 재발 방지 대책에 관한 심층 보도를 성실히 해주었다. 사고 관련 피해 보상금도 정부의 약속대로, 사고 후 1년쯤 지나자 바로 입금되었다. 덕분에 당시에 내가 겪은 일에 대해 완벽하게 납득할 수는 없었지만, 어느 정도 이해할 수는 있었다.

20년 가까운 세월이 흐른 뒤 벌어진 세월호 사고에 대한 정부의 대응은 그때와 사뭇 달랐다. 어찌 된 일인지 사고와 관련된 진상조사는 고사하고 정부와 언론이 조직적으로 사건을 은폐·조작·축소시키고 있다는 느낌까지 들었다. 제대로 된 관련자 처벌은 이루어지지 않았으며(삼풍백화점 때는 부실 건물 인허가 내준 공무원들까지 처벌받았다), 한참 뒤에 어디서 뼈다귀 같은 것을 찾아와서는 '옜다, 세월호 선박주 유병언의 유골이다. 이제 그만하자'는 투로 나왔다. 그럼에도 국민들의 분노가 쉽게 가라앉지 않자, 기자회견장에 등 떠밀려 나온 것 같은 얼굴을 한 박근혜 전 대통령이 눈물을 흐르는 모양새를 클로즈업해가며, 방송을 통해 이런 메시지를 보내왔다.

'나 불쌍하지 않아? 나한테 무엇을 더 원해. 이제 그만해.'

1995년 당시 삼풍백화점 자리는 영구적으로 재건축을 불허하고 희생자 추모공원을 세우자고 주장했던 언론들이 어쩐 일인지 세월호 사고 때는 경기가 어려우니 어서 잊고 생업으로 돌아가자고 여론몰이했다. 어디 그뿐인가. 어버이연합을 비롯한 일부 보수단체에서는 광화문에 나앉은 세월호 사고 유족들에게 아이들의 죽음을 빌미로 자식 장사한다고도 했다.

돈 이야기가 나와서 하는 말인데, 나는 이런 종류의 불행과 맞바꿀 만한 보상금이 세상에 존재한다고 믿지 않는다. 생각보다 돈이 주는 위로가 오래가지 않기 때문이다. 나 역시 당시 거액의 보상금을 받았지만, 그 돈이 이후의 삶에 크게 도움이 되었다고 말할 수 없다. 오히려 그런 일을 피하고 그 돈을 안 받을 수 있다면, 아니, 받은 보상금의 열 배를 주고라도 그 일을 피할 수만 있다면 열 번이고 천 번이고 기꺼이 그렇게 할 것이다.

대부분의 사람들은 겪어보지 않은 일에 대해서 잘 모른다. 이런 사건 사고가 개인의 서사를 어떻게 비틀어놓는지 정말 모른다. 사고 이후 나는 여태 불안 장애로 정신과를 다니고 있다. 번번이 미수에 그쳤지만 그간 공식적으로 세 번이나 자살 기도를 했다. 한순간 모든 것이 눈앞에서 먼지처럼 사라지는 것을 본 후로 세상에 중요한 일은 아무것도 없다고 생각하게 되었고, 언제나 죽음은 생의 불안을 잠재울 가장 쉽고 간단한 방법이라고 생각했다. 그 와중에 그깟 돈 얼마가 삶의 이유가 되어줄 수 있을까?

통장에 얼마가 있으면 그런 마음이 생길까? 글쎄, 잘 모르겠다. 나는 삼풍백화점 사고 때 정부로부터 제대로 된 사과를 받았다. 그럼에도 여전히 그 일에 대해 자유롭지 못하다. 그래서 말한다. 세월호는 기억되어야 한다고. 진실은 고사하고 제대로 된 사과조차 받지 못했으니 절대로, 절대로 잊으면 안 된다고. 영원히 잊지 말자고.

오히려 되묻고 싶다. 어째서 세월호를 정치적으로 이용하면 안 되는 거냐고. 우리 아이들이 어떻게 죽었는지, 왜 죽었는지 알고 싶은 것이 잘못되었냐고. 가해자 가운데 아무도 제대로 된 사과를 하지 않았는데, 무엇 때문에 진실을 알기 위한 이 일을 그만두어야 하냐고 따져 묻고 싶다. 단지 보기에 불편하다는 이유만으로, 어느 날 생때같은 자식을 잃은 부모가 대체 왜 슬픔과 분노를 표현하기를 참아야 하는지도 묻고 또 묻고 싶다.

그러니까 제발 타인의 고통에 공감할 수 없거든 차라리 침묵하자. 아니지, 자식의 목숨을 그 알량한 보상금 몇 푼과 맞바꿀 수 있는 사람이라면 떠들자. 그런 사람이라면 떠들어도 된다. 그도 아니라면 제발 부탁인데 그 입 닫자. 그것이 인간이 인간에게 보여줄 수 있는 최소한의 도리이자 예다.

상갓집 앞에서 옷깃을 여미는, 최소한의 배려

삼풍 사고 때 모든 감각이 최고점을 찍었기에, 이후의 생에서 정서적 무감각 현상을 겪은 것은 어쩌면 당연한 일이었다. 100미터 높이의 자이로드롭을 타고 온 사람에게 월미도 바이킹이 무슨 의미가 있겠는가. 사고 이후로 나는 마치 제삿날을 미리 받아놓은 사람처럼 살았다. 오래도록 한 번도 치우지 않은 돼지우리 같은 공간에서 형형색색 곰팡이와 함께 살았으니까. 그 여파로 서른 무렵에는 걸핏하면 저혈압에 고열로 까무러쳐 응급실에 실려가기를 반복했다. 그때 맞은 링거 자국들이 지금도 손목이나 손등에 수두룩하게 남아 있다. 몸이 이 지경인데 마음이라고 성했을까. 어느 날에는 멀쩡한 대낮에 귀신이 귀에다 대고 휘파람을 불기도 했다.

또 사고 이후 여태까지 집에서 형광등을 켜지 않고 지낸다. 이유는 모르겠는데 집 안이 밝으면 왠지 불안하다. 해서 요즘도 집에 가면 제일 먼저 암막 커튼부터 친다. 이런 습관도 사고 직후 생긴 우울증을 제때 치료하지 않아 생긴 버릇이라고 한다. 몰랐다, 대부분의 사람이 커튼을 열어젖히고 햇빛이 가득 들어오는 방 안을 선호한다는 사실을. 그러고 보니 사고 전에는 나도 이러지 않았던 것 같다.

의사들의 말에 따르면 나의 주된 사고 후유증은 '불안과 이로 인한 우울'이다. 조울도 종종 찾아와서, 조증일 때는 신경이 곤두서고 감각이 예민해진다. 대신에 이 시기에는 두뇌 회전이 놀랍도록 빨라서, 무엇을 해도 성과를 톡톡히 낸다. 조증의 각성 시기가 오면 진한 커피를 한 번에 열 잔 정도 마신 것 이상으로 높은 효과가 생긴다. 내 경우에는 특히 소음에 민감해지기에 온종일 이어폰을 끼고 다녀야 한다. 이 시기가 지나면 반드시 우울이 찾아오는데 그렇게 되면 이제 걷잡을 수 없는 무기력에 빠진다. 나의 이런 패턴을 잘 아는 주위 사람들은 내가 조증일 때 오히려 더 많이 걱정한다. 이후 우울을 어떻게 견뎌내는지 그간 보아왔으니까.

물론 사고 이후 백날 천 날 이렇게 산 것은 아니다. 나 같은 경우에는 PTSD 증상이 사고 이후 10년이 지나 찾아왔고, 최초 발병이 서른 무렵이었으며, 그 후에도 별다른 외부 자극이 없으면 아프지 않은 사람들과 비슷한 수준으로 살았기 때문이다. 하지만 스트레스 강도가 임계치를 넘으면 자해를 해서라도 '곧 무슨 일이 터질 것 같다'는 불안감을 잠재우고는 했다. 다행히 요즘은 이런 전조가 보이면 즉시 병원으로 달려가 의사의 조언을 구하고 해결책을 찾는다.

어려서는 미련하다 싶을 만큼 무던한 성격이었다. 덕분에 고등학교 입학식에도 엄마가 묶어주는 대로 노랗고 빨간 방울을 머리에 달고 갔다. 그때 나를 처음 본 친구가 속으로 '이 친구, 겉으로는 멀쩡해 보이지만 어딘가 좀 모자른가 보다' 했으니 말 다했지. 친구 말이 맞다. 그 시절 보통 여고생이었다면 엄마에게 유치한 색의 방울을 머리에 달아달라고 하지 않을 테니까.

하지만 삼풍 사고 이후 성격이 완전히 바뀌었다. 사고 후 병실에서 본 텔레비전에서 누구는 사고가 나기 전에 비스듬히 기운 천장을 보았다고 했고, 누구는 살짝 흔들리는 조명을 보았다고 나왔다. 덕분에 건물이 무너지기 전에 밖으로 빨리 나올 수 있었다고 했다. 한데 나는 종일 무너져가는 건물 안에 있었으면서도 아무것도 눈치채지 못했다. 이 일이

천추의 한이 되어 지금은 어디를 가도 남보다 많이 긴장하고 산다.

하지만 이런 일들에 대해 어디서도 말한 적 없었다. 과학 기술이 발달해 서로의 뇌가 동시에 동기화되지 않는 이상 이런 내 마음을 아무도 몰라주리라고 확신했기 때문이다. 또 말해서 좋을 게 생각보다 없기 때문이다. 해서 누군가 군이 삼풍 사고를 겪은 장점을 묻는다면, 처음 본 사람들이 나를 잠깐 신기하게 생각하는 정도라고 이야기한다.

그런데 세월호 사고 이후로는 누가 따로 묻지 않아도 내가 겪은 일에 대해 스스로 말하고 다닌다. 그 몹쓸 과적 괴물이 맹골수도에 가 전국에 생중계되며 빠지던 날, 그날 그 시점에 투표권이 있던 대한민국 국민이었다는 사실만으로 너무도 가슴이 아파서 말이다.

여전히 매년 4월이면 몇몇 그릇된 정치인이 자신의 이해관계에 따라 세월호 희생자와 유가족을 향해 차마 입에 담지 못할 말들을 한다. 그뿐인가. 다른 사회적 참사와는 다르게 정치인들은 꼭 세월호를 선거 전략 중 하나로 쓴다. 선거철이 되면 어디서 어김없이 염치와 수치를 잊은 이들이 꼭 하나씩 나타나 차마 입에 담지도 못할 끔찍한 말들을 내뱉는다.

지난 지방선거에 안산의 한 시의원은 유권자들에게 보내

는 선거 공보에 이런 표현까지 썼다. "기르던 개가 죽어도 앞마당에 묻지 않고, 뒷산에 묻는다." 아마도 당시 세월호 인양 반대와 추모공원 폐지 같은 선거공약을 어필하기 위해 만든 슬로건이리라. 처음 이 공보 전단을 보고 오래도록 할 말을 잃고 멍하니 있었다. '사람이 사람한테 어떻게 이럴 수가 있을까' 하는 생각에서 말이다. 어디 멀리 다른 데 사는 사람도 아니고 한동네 이웃들이 겪은 일인데 어떻게 저런 말을 할 수 있는지 놀라웠다.

하긴, 이웃 인심 사나운 거 이제 와 새삼스러울 것도 없다. 지난 2016년 안산 단원구에서는 당시 세월호 진상조사를 방해하고, 유가족을 사찰하던 당시 집권 여당이었던 새누리당 후보가 갑과 을 두 지역에서 보란 듯이 당선되었으니까. 이를 두고 안산에 사는 한 친구는 괴로워서 숫제 어디를 돌아다니지 않는다고 했다. 찜질방이든 편의점이든 사람만 모였다 하면 "왜 하필 이 동네 애들이 죽어서 아파트 값이 떨어지는 거냐"고, "세월호 같은 거 텔레비전에서 더는 안 보았으면 좋겠다"고 한다고 했다. 그런 사람들이 모여 사는 동네라니, 생각만으로도 끔찍하다.

늦었지만 그들에게 이런 말을 되돌려주고 싶다. 자식이 죽었으니 마당에 묻고 싶은 게 사람 마음이라고, 당신도 새끼 낳고 기르면서 그 마음을 그리도 모르겠냐고. 그리고 몇몇 안산 분에게 분명히 말한다. 안산의 아파트 값을 떨어트린 것은 결코 그날 비명에 간 아이들이 아니라, 당신들의 비정한 이기심 때문이라고.

친구가 때리는 뺨이 더 아프다는 말이 괜히 있는 게 아니다. 한동네 사는 사람들이 유가족들에게 그간 얼마나 뼈아픈 고통을 준 것인가. 세상 사람들이 아무리 무례하게 굴어도 당신들이 겪은 고통이 너무도 끔찍한 나머지 "너희도 똑같이 당해봐라" 소리는 차마 입 밖으로 꺼내지 못한다는 분들한테 말이다.

전에 광화문을 지나가는데 어떤 태극기 부대 할아버지 한 분이 내게 다짜고짜 "이 빨갱이 년아, 너 같은 것들이 세상을 망치는 거야"라며 말을 쏟아냈다. 한 귀로 듣고 한 귀로 흘렸다. '그럴 수 있지. 나는 저분이 겪은 전쟁과 배고픔을 모르니 그럴 수 있지' 했다.

여담이지만 나는 정치적으로 나와 세계관과 성향이 다른 사람들과도 곧잘 이야기한다. 가만히 듣고 보면 충분히 일리 있는 해석들이 많다. 또 모든 이야기에 절대 진리는 없다. 해서 항상 상대의 주장에 귀 기울이고 더러 어떤 일들에는 그들의 주장이 맞다고 인정한다. 건강한 비판은 기꺼이 수용한다. 예외는 있다. 무턱대고 상대 진영을 야유하고 조롱하는 사람들. 아쉽게도 내게는 이들의 밑도 끝도 없는 험담을 참아줄 인내심이 없다.

세월호도 마찬가지다. 사람에 따라 여태 이어지는 애도가 싫을 수 있다. 오해하지 말기 바란다. 그 싫다는 마음까지 잘못되었다고 말하는 게 아니다. 대한민국은 민주주의 국가다. 남들이 다 한다고 해서 나까지 할 필요 없다. 다만 적어도 상갓집 앞을 지나갈 때는 옷깃을 여며주는 최소한의 예의만이라도 갖추어달라고 부탁하는 것이다. 사회적 참사 희생자들은 국가의 통계자료에 적히는 숫자가 아니라, 누군가의 가족이었고 존재로서 존엄한 인간이었다.

어디선가 이런 말을 본 적이 있다. 옳다고 생각하는 말을 자꾸 소리 내어 말하라고. 말에는 힘이 있다고. 나 또한 그렇게 생각한다. 2014년 봄날에 어느 한철 피고 지는 꽃도 풀도 아니고 사람이 죽었다. 그것도 304명이나 죽었다. 그러니 이러지 말자. 우리 인간은 못 되어도 짐승은 되지 말아야 하지 않겠는가.

용서의 무게

나는 가톨릭 신자다. 아마 나 같은 종교인이라면 종교가 없는 사람들에 비해 '용서'라는 단어를 훨씬 더 자주 마주해야 할 것이다. 주일에 예배당에서, 《성경》에서 끊임없이 하느님은 용서를 말씀하실 테니. 하지만 용서는 말처럼 쉬운 게 아니다. 일단 용서를 하려면 내 슬픔의 원인을 제대로 알아야 하고, 내게 슬픔을 제공한 사람의 입장도 헤아려보아야 한다. 여기까지도 꽤 고통스러운 과정인데, 용서하기로 결정한 후에는 수시로 치받치는 저주와 원망의 감정을 더는 어디 가서 말하지 말아야 한다. 한데 그게 과연 말처럼 쉬울까?

앞서 밝혔다시피 나는 내가 앓고 있는 마음의 병이 모두 스무 살에 겪은 단 하나의 사고 때문에 생겼다고 생각하지 않는다. 하지만 그 사고가 이후의 생에 많은 영향을 주었다는 것만은 확신할 수 있다. 사고 이후 내 머릿속에는 언제나 '네가 발을 딛고 서 있는 세상은 언제든 무너질 수 있어' 같은 생각이 뿌리 깊게 자리했기 때문이다. 하여 나는 그 후로도 수많은 밤, 불안의 바다에서 서성였다. 오랜 기간 내 일상은 뒤틀려 있었다. 그러므로 나는 이제 와 누군가 이 일에 대해 진심 어린 사과를 해온다고 해도 크게 관심 없다. 그 사과가 얼마나 대단할지는 모르지만, 시간을 되돌려 나를 다시 그곳에 데려가지 않는 이상, 그 어떤 사과도 내게는 아무런 의미가 없기 때문이다.

전부터 영화 〈밀양〉이 좋다는 이야기를 많이 들었는데, 유괴로 어린 아들을 잃은 엄마가 주인공이라는 이야기에 너무 슬플까 두려워 여태 보지 못하다가 최근에야 이 영화를 감상하게 되었다. 뒤늦게 보아야겠다고 결심한 이유는 다름 아닌 세월호 사건 당시 간호장교 신분으로 청와대에 파견 나갔던 조여옥 대위가 자신의 행위를 주님께서 모두 용서하셨다며 오열했다는 이야기를 들었기 때문이다. 그는 수사과정에서 여러 차례 말을 바꾸고 위증을 반복해 수사에 난항을 겪게 만든 장본인이다. 그가 '용서'를 언급했다는 소식을 접한 많은 이들이 〈밀양〉의 유명한 면회 장면을 입에 올렸다. 그렇게 호기심에 영화를 접했는데, 그 후로는 영화 자체가 좋아서 여러 번 더 보았다.

극 중에서 유괴범의 손에 아이를 잃은 준이 엄마가 살인범을 찾아가 용서하려는 장면이 나온다. 준이 엄마는 무슨 생각인지 면회 가는 길에 그를 위해 들꽃까지 꺾어간다. 잠시 후 그녀는 수의를 차려입은 그와 마주한다. 기대와 달리 그의 건강한 낯빛에 준이 엄마는 어안이 벙벙한 얼굴로 이렇게 묻는다.

"얼굴이 좋네요, 생각보다."

기다렸다는 듯이 그는 준이 엄마에게 이렇게 말한다.

"하느님이 이 죄 많은 인간한테 찾아와주신 거지요. 얼마나 감사한 일입니까. 하느님이 이 죄 많은 놈한테 손 내밀어주시고, 그 앞에 엎드려 지은 죄를 회개하도록 하고, 제 죄를 용서해주셨습니다."

이 말을 들은 준이 엄마는 면회를 마치고 나오는 길에 정신을 잃고 쓰러진다. 이후 장면에서는 이전과는 전혀 다른 모습의 준이 엄마가 화면에 그려진다. 딴생각에 빠진 준이 엄마가 운전을 하다가 뒤늦게 보행자를 발견하고 급히 브레이크를 잡는다. 그 바람에 차에 치일 뻔한 남녀 한 쌍이, 창문을 내리고 연신 고개 숙이고 미안하다고 사과하는 준이 엄마에게 이렇게 따져 묻는다.

"아줌마, 사람 죽여놓고 미안하다고 하면 다예요?"

나는 영화의 이 두 장면을 절대 따로 볼 수 없다고 생각한다. 사람이 죽었는데 미안하다면 다인가? 나중에 미안하다고 하면 되니까 남의 인생 같은 것쯤 마음대로 짓밟고 살아도 되는가?

많은 사람들은 용서가 무척 어려운 일이라고 생각한다. 나는 그렇게 생각하지 않는다. 아니, 어떤 면에서 용서하지 않고 사는 것보다 용서하는 편이 훨씬 쉽다. 하다못해 세월호를 보아도 그렇지 않은가. 사고 직후 유가족들이 보상금 얼마를 받고 사고 수습을 제대로 하지 않은 정부를 용서해주었으면 오히려 쉬웠다. 하지만 그들은 가해자를 용서하지 않음으로써 수많은 날 동안 길에서 한뎃잠을 잤고, 40일 넘게 단식투쟁했으며 여전히 각자의 일상으로 돌아가지 못하고 있다. 또 정부를 용서하지 않는다는 이유로 여태 수많은 사람에게 차마 입에 담지도 못할 혐오의 말들을 듣고 있다. 이에 비해 용서는 얼마나 쉬운가?

생각한다. 용서, 좋지. 할 수만 있으면 하는 게 좋지. 그런데 이렇게 자꾸만 타인의 죄를 쉽게 용서해버리는 게 과연 옳은 일일까? 사람들이 전부 용서라는 이름으로 세상의 모든 불의에 침묵하면 나중에는 다들 '그래도 되나 보다' 하지는 않을까? 또 이렇게 쉽게 가해자들을 용서해버리면, 피해자들이 겪는 잔혹한 고통은 정말로 저들이 주장하는 대로 어느 봄날에 소풍을 가다가 맞은 해상 교통사고가 되어버리는 것은 아닐까?

해서 나는 더러 어떤 일들에 대해서는 당한 사람의 분이 풀릴 때까지 아무도 용서하지 말아야 한다고 생각한다. 내 용서가 영화 〈밀양〉에서처럼 가해자의 얼굴에 살을 찌우고 피부에 빛을 비추게 하는 일이라면, 대체 누구를 위한 용서란 말인가? 조 대위도 마찬가지다. 글쎄, 그가 믿는 신은 정말 그를 용서했을지 모른다. 하지만 나는 그가 희생자와 유가족을 조금이라도 생각했다면 절대로 그 말을 입 밖으로 꺼내서는 안 되었다고 본다. 그러니 조 대위 당신은 죽는 날까지 스스로 한 말의 무게를 느끼며 살기를.

별개의 이야기이지만, 사람들이 하도 세월호 이야기에 보상금부터 언급하기에 한번은 유가족들이 대체 사망 보상금으로 얼마나 받았기에 이러나 싶어 검색을 다 해보았다. 확인해보니 사망자 보상액이 말도 안 되게 적었다. 내 목숨보다 귀한 자식새끼 목숨 내놓고 받은 돈이 겨우 이거라니. 금

이야 옥이야 키운 자식 먼저 떠나보낸 대가로 받은 게 돈 몇 억이라니. 한데 말이다. 이 돈을 두고도 사람들은 이런 말을 한다. 없는 집에서 그만한 돈 받았으면 된 게 아니냐고, 자식 장사 그만하면 괜찮은 게 아니냐고. 세상에나. 이 돈이 뭐가 많은가. 내 새끼 잡아먹은 돈인데, 한 군데 쌓아두고 성냥을 그어 던져도 시원찮을 돈인데.

얼마 전 뉴스를 통해 세월호 참사 유가족 중 한 분이 명을 달리하셨다는 소식을 듣고 '저들의 밤은 여전히 지옥이구나' 했다. 아마 이런 불행을 겪어보지 않으면 모를 것이다. 어쩌면 다들 그 끔찍하고 비통했던 장례식이 유가족이 겪는 불행의 하이라이트라고 생각할 것이다. 실은 전혀 그렇지 않다. 장례식장에서의 오열은 훗날 끝없이 이어지는 통곡의 예고편에 지나지 않는다. 진짜 장례는 조문객이 다 빠져나간 후에 시작되기 때문이다.

다시 한 번 말하고 싶다. 세월호는 다른 사고와 다르다고, 충분히 살릴 수 있는 사람들을 제때 구하지 않아 일어난 사고다. 그런 일은 애초에 일어나서도 안 되었으며, 앞으로 일어나서도 안 된다. 그러니 쉽게 용서해주면 안 된다.

진도 막사에서의 밤

눈을 가늘게 뜨고 보아야 겨우 볼 수 있는 날들이 지나가고, 정서적으로도 차츰 안정이 되어갈 무렵 2014년 4월 봄, 세월호 사고가 터졌다.

진도체육관에 갔다. 물론 정신과 의사는 말렸다. 그런데 가야 할 것 같았고 가고 싶었다. 때마침 회사에서 임직원 자원봉사자를 모집했기에 망설임 없이 손을 들었다. 진도에 도착했을 때에는 이미 선체가 침몰한 후 유해 수습이 장기화 조짐을 보이기 시작할 시기였다. 당시 여러 기업에서 진도체육관 앞에 부스를 차려놓고 유가족을 위한 물품을 지원하기 시작했고, 우리 회사도 그 틈에 끼어, 경황없이 내려와 속옷도 못 갈아입는 유가족들에게 속옷을 지급했다.

목포를 거쳐 들어간 진도는 5월이 다 되었는데도 추웠다. 사람들은 아이들이 그리되고부터 바람이 분다 했다. 간이 부스에서 나는 가능하면 입을 다물고, 시선을 바닥에 고정한 채 유가족 분들이 원하는 속옷을 찾아 내드렸다. 더러 유가족이 아닌데 속옷을 달라는 분들도 계셨지만, 알면서도 그냥 내주었다. 따지고 들다가 혹여 큰소리 날까 싶어서 그렇게 했다. 헬기가 뜨면 전광판에 적힌 실종자 수가 줄었고, 신원이 확인되면 유가족에게 기별이 갔다. 별 생각 없이 화장실에 가다가 우연히 비보를 접한 엄마를 마주했는데, 그 모습을 보고 '사람이 너무 슬프면 짐승처럼 우는구나' 했다. 태어나 처음 보는 울음이었다. 보는 것만으로도 가슴이 미어졌다.

그러고 보니 나는 어느새 진도체육관에 있는 사람들을 전부 눈으로 구분할 수 있었다. 저이는 부모구나, 저이는 친척이구나, 저이는 구경꾼이구나. 뒷모습만 보아도 명확하게 구분되었다. 그렇다. 불행은 잔인하도록 선명했다. 셔틀을 타고 팽목항에도 가보았는데 몇몇 스님이 매서운 바닷바람을 맞아가며 영가를 위해 기도를 올려주고 계시던 모습이 꽤 인상적이었다.

밤에는 자원봉사자가 묵는 막사에서 잠을 잤다. 그곳에는 안타까운 마음에 전국 각지에서 자발적으로 몰려든 자원봉사자들이 있었고, 각자 하는 일이 달랐다. 그에 비해 나는 회사에서 출장비를 받고 편하게 온 처지라 덜 떳떳하게 느껴져서 한쪽 구석에 조용히 몸을 뉘였다.

이때 한 자원봉사자로부터 놀라운 이야기를 전해 들었다. 그날 팽목항에서 돌아오지 못한 아이들 이름을 적은 풍등을 띄웠는데, 그 풍등이 전부 바람을 타고 잘 가다가 갑자기 북으로 방향을 틀더란다. 그 모습을 보던 누군가가 "어머, 쟤들 집으로 가나 보다"라고 말했고, 그 말에 거기 있던 사람들 모두가 울었다고 한다. 그 이야기를 듣고 돌아누우며 나는 '설마, 때마침 바람이 그쪽으로 불었겠지' 하다가 문득 '어쩌면 그때 바람도 너무 슬프고 안타까워 뭐라도 해주고 싶었던 것은 아닐까'라고 생각을 고쳐먹었다.

그 후로는 모두가 알겠지만, 세월호 진상규명을 위한 길고 지난한 여정이 시작되었다. 유가족들은 청와대도 찾아가고, 단식투쟁도 했지만 정부는 이렇다 할 대응을 하지 않았다. 결국 그 일이 도화선이 되어 국정농단과 맞닿은 분노한 민심에 의해 촛불혁명이 일어섰다. 이에 박근혜 정권은 탄핵되고, 문재인 정권이 들어섰다. 하지만 세월호에 대한 진상조사는 여전히 제자리걸음이다.

그런데 사람들은 자꾸만 이제 그만하라고 말한다. 무엇을, 왜 그만해야 하는가. 세월호 이후 진보 진영으로 정권교체가 이루어졌으니 아이들의 죽음이 헛된 것만은 아니지 않냐고? 아니, 그렇지 않다. 이 정권에서 죽은 아이를 다시 살려 보내 주지 않는 이상 그 일은 그렇게 간단하지 않다. 또 사람들은 자꾸 잊으라고, 그런다고 뭐가 달라지느냐고 한다. 거기서 한 발 더 나아가 추모공원은 무슨 얼어 죽을 추모공원이냐고, 뭐 좋은 일이라고 기억하느냐고 유가족을 향해 모진 소리들을 한다.

아니다, 그렇지 않다. 세월호는 하나의 사고가 아니라 각기 다른 304명의 희생자와 유가족이 겪은 처절히 개별적인 고통이다. 그러므로 우리는 대체 이런 일이 왜 생겼는지 알아야 한다. 그래야 어떻게든 이해할 수 있으니까. 이해를 해야 잊을 수 있으니까. 그러지 않고서는 자다가도 벌떡벌떡 일어나는 게 사람이니까.

어떤 감정은 지식과 달라서, 겪어보지 않으면 평생 모른다. 이해한다. 그런데 말이다. 이해가 안 되면 잠깐 서로의 입장을 바꾸어 생각해보면 안 될까? 그도 아니라면 그냥, 누구네 집 엄마 아빠인지는 몰라도, 생떼같은 자식 잃고 저렇게 슬프다는데, 집에 가서 도저히 잠이 오지 않는다는데, 아무리 생각해도 이상해서 그런다는데, 그 생각에 너무 답답해서 길에 좀 나와 있다 가겠다는데, 거기 있으니까 좀 낫다는데, 이 사람들이 거기에 좀 있다가 가게 두면 안 될까? 세상을 향해 화난 마음 식을 때까지 조금만 기다려주면 안 될까? 그럴 수 있잖아. 별것 아니잖아. 나 같은 경우에는 내가 무슨 일을 겪은 것인지 이해하는 데 20년이 걸렸는데, 이 사람들은 이제 시작이다. 아직 믿을 수 없는 시절이다. 그러니 우리가 조금만 이해해줄 수 있는 거잖아.

이런 연유에서 처음 딴지일보 자유게시판에 글을 썼다. 그 글이 화제가 되어 이른바 '극우 세력'이라는 사람들에게 말도 못 하게 시달렸다. 해서 한동안 '대체 내가 그런 글을 왜 썼나' 하고 후회했다. 한데 이 일을 겪으면서 나는 "지겹다"라고 말하는 사람들은 일부인데 목소리가 좀 클 뿐이고, 대부분의 사람은 내 글에 함께 울고 아파했다는 사실을 알았다. 그러자 태어나 처음으로 모르는 사람들로부터 위로를 받았다. 너무너무 따뜻한 경험이었다.

불행의 진면목은 '고독'이다. 내 마음을 누가 알기나 할까 하는, '절대 고독' 말이다. 한데 많은 사람들이 내 말에 공감해주니 그게 그렇게 위로가 될 수 없었다. 감사한 일이었다. 해서 하는 말인데, 나는 세월호가 하나도 지겹지 않다. 제대로 밝혀진 게 하나 없는데 대체 무엇이 지겨운가. 같은 논리에서 나는 80년 광주도 지겹지 않고, 제주 4.3도 마찬가지다. 이 땅의 모든 사회적 참사가 지겹지 않다. 끝까지 이 일에 대해 물을 것이며 평생 기억할 것이다. 같은 시대를 살던 어른으로서 그런 세상을 만들게 두고 그런 배에 아이들을 태우게 했다는 일말의 죄책감을 안고서 말이다. 우리 잊지 말자. 진짜 그러지 말자.

자꾸만 설명을 요구하는 사람들

내가 아직 아이였을 때 우리 집은 신림동에 있었다. 그 시절 신림동은 서울대학교와 구로공단이 인접해 있는 지정학적 위치 때문인지 몰라도 지금과 분위기가 달랐다. 마치 커다란 돌솥비빔밥처럼 동네 사람들이 한데 섞여 사는 느낌이었다. 그러니까 새까만 아스팔트 위에 색깔과 개성이 각기 다른 사람들이 절묘하게 어우러져 살았다. 당시 우리 식구가 살던 이층집은 골목 맨 안쪽에 자리한, 디귿 모양으로 생긴 꽤 커다란 주택이었다. 그 집에는 2층의 독채부터 반지하까지 방이 아주 많았는데, 다들 귀신같이 각자의 수준에 맞는 방에 들어가 살았다. 어른들이 종종 하던 '돈은 거짓말하지 않는다'던 말은 참말이었다. 2층 독채는 집주인인 시중의 한 은행 지점장 가족들이 살았고, 우리 식구는 작은 쪽문이 따로 난, 대문 옆 1층의 한 구석을 썼다. 또 그 집 골목에는 엇비슷하게 생긴 집들에 옥상부터 지하까지 빼곡하게 사람들이 살았는데, 고시 공부하는 대학생부터 구로공단의 미싱 시다까지 각자 하는 일은 달랐다.

그때 나는 앞집 반지하 방에 살던 버스 안내양 언니를 동경했다. 이름은 기억나지 않는데 그의 얼굴은 아직도 생생하다. 그녀는 마치 잔디밭에 잘못 심어진 백합처럼 우중충한 주택가 사이에서 눈에 띄게 해사했다. 나를 포함한 골목의 많은 아이들이 그녀를 좋아했다. 언제 한번은 할머니와 외삼촌 댁에 다녀오는 길에 85-1번 버스에서 실제로 그녀를 보았다. 쨍한 파란색 유니폼에 흰색 셔츠를 받쳐 입은 그녀의 백옥 같은 피부는 맑다 못해 투명할 지경이었다. 그날 후로 나는 이다음에 커서 반드시 그 언니처럼 멋진 버스 안내양이 되겠다고 다짐했다.

할머니는 나의 이 다짐을 무척 싫어했다. 할머니는 항상 말했다. 세상에 하고 많은 직업 중에 왜 하필 버스 안내양이냐고, 차라리 남들처럼 평범하게 학교 선생이나 약사 같은 직업을 하라 했다. 이후 얼마 지나지 않아 버스 안내양이라는 직업이 대한민국에서 자취를 감춘 바람에 아쉽게도 나는 어릴 적 꿈을 이루지 못했다. 물론 약사나 선생도 할머니 말처럼 쉬운 게 아니어서 하지 못했다. 대신에 나는 그때 할머니가 왜 그렇게 버스 안내양이 되는 것을 만류했는지 어느 정도 알게 되었다. 어린 눈에나 온종일 버스를 타는 그녀가 대단해 보였지, 실상 버스 안내양이라는 직업은 요샛말로 하면 '극한 직업'에 가까웠다. 일단 쥐꼬리만 한 월급도 월급이지만 근무환경도 열악했으며 직업에 대한 사회적 인식도 나빴기 때문이다. 상황이 이러니 누구라도 집안의 어린아이에게 이다음에 커서 버스 안내양을 하라고 적극 추천하는 것은 조금 곤란했으리라.

남들이 선망하는 직업을 가지고 살면 무엇보다 본인 신수가 편하다. 예컨대 이름만 들어도 누구나 아는 학교를 다니거나, 전문직, 하다못해 공무원이나, 대기업만 다녀도 자신이 속한 공동체로부터 무한한 신뢰와 절대적인 호의를 제공받을 수 있기 때문이다. 하지만 반대의 경우는 다르다. 한마디로 사는 게 피곤하다. 요즘 나처럼 어떤 이들은 한평생 자신이 어쩌다 그 지경이 되었는지 타인에게 설명하며 살아야 한다. 아마 그때 그 언니 역시 그러했을 것이다. 어째서 어린 나이에 학교에 가지 않고 버스 안내양으로 일하고 있는지, 고

향은 어디인지, 부모는 뭐하는 사람들인지 사람들이 자꾸자꾸 물어보았을 테니까.

이미지는 강렬하다. 누구나 알 만한 회사의 로고가 박힌 명함 한 장만 있으면 수백 수천 장에 해당하는 자기소개 자료를 따로 만들어 들고 다니지 않아도 된다. 사람들이 흔히 이렇게 생각해주기 때문이다. '큰 회사에 다닌다는 것은 그 회사의 까다로운 입사시험에 통과했다는 이야기이니, 그 하나로 충분히 증명된다.' 내 말이 믿어지지 않거든 지금 당장 서울에 가서 월세방부터 구해보시기를. 대기업에 다닌다고 하면 부동산 중개인의 얼굴 표정부터 바뀔 테니까.

같은 맥락에서 슬프게도 나는 사회로부터 세월호 유가족과 결이 다른 대우를 받으며 살아왔다. 어찌 보면 당연한 이야기이지만, 그때는 아무도 나를 조롱하거나 비난하지 않았다. 이 일을 두고 꽤 오래 생각했다. 어째서 세월호와 삼풍백화점 두 사건에 대한 사회적 시선이 이토록 다른지에 대해서 말이다. 아마도 그 이면에는 내가 미처 알지 못하는 수만 가지 복잡 미묘한 사회현상이 존재하겠지만, 개인적으로 일이 이렇게 된 데는 크게 세 가지 원인이 있다고 본다.

첫째, 당시 삼풍백화점이 가지고 있던 고급스러운 이미지 때문이다. 그 무렵 삼풍백화점은 명실 공히 대한민국 명

명품 1번가였다. 요즘으로 치면 갤러리아백화점 명품관 정도가 될 것이다. 해서 사람들은 삼풍 사고 희생들에게 보상금에 대해서는 입도 떼지 않았다. 그 누구도 우리한테 쇼핑하러 가다가 사고 난 게 아니냐고 말하지 않았다. 아마 다들 애초에 잘사는 집 사람들이 변을 당했는데, 설마하니 돈 얼마를 바라고 사랑하는 사람의 목숨을 바꿔치기 했을까 하고 생각했던 것 같다. 그뿐인가. 내가 삼풍 사고 생존자임을 안 사람들은 하나같이 "집이 좀 살았나 보네요"라는 반응을 제일 먼저 보였다. 아무리 그게 아니라고 고쳐주어도 그들은 자신들이 믿고 싶은 대로 믿었다. 이는 슬프게도 세월호 희생자들이 받는 시선의 정확히 반대되는 지점이다.

둘째, 사건을 대하는 정부의 태도다. 무능하고 부패했던 당시 박근혜 정부는 대통령이 탄핵되고 정권이 교체될 때까지 세월호 참사에 대한 책임을 부인하고, 축소하고, 진실을 은폐하고, 여론을 조작했으며, 국가 차원에서 유가족들을 억압하고 배제했다. 사람들은 카페나 사우나에 앉아 아무렇지도 않은 얼굴로 이런 말을 했다. 진도체육관에 지금 전문 시위꾼들이 내려가 있다고, 진짜 유가족들은 벌써 안산에 다 돌아왔다고, 북에서 온 빨갱이들이 뭘 모르는 사람들에게 분노하라고 자꾸 부추긴다고, 그리고 이 모든 것은 북한의 앞잡이 노릇을 하는 문재인이 전부 꾸민 거라고, 덕분에 나라꼴이 아주 우스워졌다고. 아니, 요즘 세상이 어떤 세상인가. 실제로 남파 간첩들이 진도체육관에 갔다고 치자. 그렇다면 사진 하나라도 있어야지. 하지만 사람들은 사실관계도 확인하지 않고 남이 해주는 이야기를 곧이곧대로 믿었다.

셋째, 경제성장률이다. 삼풍백화점이 붕괴하던 당시 대한민국의 경제성장률은 매년 두 자릿수를 웃돌았다. 사실상 제로금리 시대라 불리는 요즘과 다르게 그때는 은행 금리가 적어도 10퍼센트는 되었다. 그러니 무슨 일을 하든 손발 부지런히 놀려 아끼고 저축하며 살면 누구라도 생의 후반부에는 번듯한 집 한 칸 장만하고 숨 좀 돌리던 시절이었다. 한마디로 사람들 가슴에 한 줄기 희망의 빛이 살아 있었다.

세월호가 침몰하던 2014년 당시 상황은 그때 같지 않았다. 일단 부동산 가격이 폭등했고, 양극화 현상은 심해졌다. 그러니 일반 서민들은 백날 천 날 열심히 일해도 집 한 칸은커녕, 서울 인근에 전세 아파트 하나 마련하기 어려운 처지가 되었다. 게다가 빈부격차는 날이 갈수록 심해져 더는 전처럼 개천에서 용이 나오지 않는 세상이 되었다. 이제는 가난도 부도 버젓이 대를 이어 세습되고 있다. 그러자 부자들이 모두 선점하고 남은 자투리 땅 가지고 고만고만한 처지의 사람들끼리 치열하게 경쟁하며 살아가고 있는 것이다.

하지만 사고가 일어난 시대와 장소가 다를 뿐, 사고의 본질인 불법 증개축, 인허가 문제, 안전불감증에 따른 사고라는 점에서 두 사건이 발생한 모든 과정은 굉장히 유사하다. 또 이 비극적 사건들에 사회적으로 중요한 의미가 있는 이유는 무고한 사고 희생자들로 인해 우리 사회에 존재하지만 보이지 않던 균열이 제 모습을 드러냈다는 데 있다. 그러니 두 사건은 언뜻 달라 보이지만 사실은 전혀 다르지 않다.

이제 세월호 참사는 7주기를 막 지나갔다. 하지만 어찌 된 노릇인지 진상규명 작업은 여전히 제자리걸음이다. 유가족들은 아직도 거리에서 농성하고 있으며 검찰은 1년 2개월이나 본 사건을 수사하고도 당시 해경 고위관부 전원을 무혐의 처리했다. 이는 명백한 기만이다. 정부기관에서 유가족들에게 '더는 세월호 수사를 하지 않겠다'고 대놓고 말하는 것과 다름없다. 당시 배가 완전히 가라앉기 전까지 한 시간 반 동안 근처에 있던 미군정과 조업 선박들의 구조를 막아서고 구조 활동을 벌이지 않아 무고한 시민들을 그 시커먼 바다에 빠트린 해경에 잘못이 없다니. 이 일을 과연 어떻게 해석하고 받아들여야 할까. 국민의 생명과 안전을 지키지 못한 책임을 도대체 어디에 물어야 하는 것일까. 박근혜 전 대통령은 세월호와 관련해 수사조차 받지 않았다. 뇌물 수수, 뇌물 요구, 공무상 비밀누설 등에 대한 처벌을 받고 있는 중이다.

그뿐 아니다. 해를 거듭할수록 참사 희생자들을 향한 극우 세력들의 조롱과 모욕도 점점 과격해지고 있다. 이에 대해서도 정부가 더는 좌시해서는 안 된다고 생각한다. 사회적 참사에 대한 모욕죄는 특별법을 재정해서라도 양형 기준을 높여 가중 처벌해야 마땅하다. 전에 진실규명을 위해 40일 넘게 단식투쟁을 이어가던 유가족들 앞에서 치킨과 피자를 시켜 먹으며 이른바 '폭식투쟁'을 하던 이들의 얼굴을 도저히 잊을 수 없다. 그때 생각했다. 사고 난 데가 전라도여서 그나마 다행이라고, 이미 억울하고 서러운 마음 아는 데에서 사고가 났기에 그들의 너그러운 품에서 그나마 유가족들이 오래도록 머물다 올 수 있었다고. 만에 하나 사고가 다른 데서 났다면 아마 모르긴 몰라도 경기 침체 운운하며 다들 들고 일어나 유가족들을 쫓아냈을 것이다.

2014년 당시에 나는 세월호에 감정이입하기 싫어서 관련 자료도 영상도 찾아보지 않았다. 머릿속으로 '이상하다. 왜 삼풍 때와 이토록 다르게 흘러가지?' 생각만 했을 뿐이다. 어느 날 광화문을 지나다가 우연히 진실 규명을 위한 서명을 하고 건네받은 배지도 가방에 달고 다니다가 금세 잃어버렸지만 딱히 새로 구하지도 않았다. 그러면서도 막연하게 거리에서 세월호 리본을 달고 있는 사람들을 보면 '내게 만약 아이가 있다면, 밖에서 곤란한 일을 겪어 도움을 요청해야 하는 상황에 서면 제일 먼저 노란 배지를 단 사람에게 부탁하라고 가르칠 것 같다' 하는 생각을 했다. 물론 노란 배지가 아니어도 좋다. 동백꽃이든 무지개깃발이든 다 괜찮다. 그들은 타인의 슬픔에 연대하고자 하는 표식으로 자신들의 공감능력을 증명해 보이는 것이니까.

이런 생각에 최근에 세월호 유가족협의회를 찾아가 배지와 스티커 같은 것들을 잔뜩 받아왔다. 나도 이제 당당히 세상에 말하고 싶어서, "얘들아, 아줌마는 타인의 불행에 무심하지 않아. 어려운 일이 있으면 언제라도 도움을 요청해. 기꺼이 도와줄게"라고 이야기하고 싶어서. 그런데 자꾸 거리의 노란 배지들이 사라지고 있다. 세월호 유가족들은 여전히 일상으로 복귀하지 못하고 길 위에서 투쟁하고 계신데, 아직 아무것도 해결된 게 없는데 사람들은 '아직도 세월호냐'고 자꾸 묻는다. 슬픈 일이다.

상처받은 이가 상처받은 이에게

우연한 계기로 CBS 정혜윤 피디와 4.16연대, 4.16가족협의회가 만든 〈세상 끝의 사랑〉이라는 팟캐스트 방송을 들었다. 이 방송은 "유가족이 묻고 유가족이 답하다"라는 콘셉트로, 세월호 사고로 딸 예은을 잃은 유경근 씨가 사회적 참사로 생을 달리한 분들의 가족을 모시고 총 10여 회에 걸쳐 대담을 진행한다. 어느 하나 가슴 아프지 않은 방송이 없었지만, 다분히 개인적인 연유에서 고 이한열 열사의 어머니 배은심 씨 일화를 가장 인상 깊게 들었다. 돌아가신 우리 할머니 생각이 났기 때문이다.

할머니의 큰아들은 한국전쟁 때 월북하는 인민군에게 끌

려갔다. 끌려갈 당시 나이가 열여섯이라 했다. 이를 기억하는 이유는 할머니가 노상 이 아들 때문에 묵주기도를 했기 때문이다. 어느 날 내가 "할머니는 만날 무슨 기도해?" 하고 물었다. 할머니가 꽤 태연한 목소리로 "응. 너네 큰 외삼촌 기도하지" 했다. "근데 왜 기도를 매일매일 해?"라는 물음에 할머니가 대답하기를, "매일 기도 안 하면 하느님이 너희 외삼촌 안 찾아줄까 봐 매일 하지" 했다.

얼마 후, 1983년 일이다. 텔레비전에서 대대적으로 이산가족 찾기 프로그램을 생중계해줄 때였다. 초등학교(당시 국민학교)에 갓 입학한 상태라 한글을 얼추 아는 나는 할머니의 관리감독 아래 매일같이 텔레비전 앞에 앉아 출연자들의 정보를 성실하게 읽어드렸다. 학교에 간 기억이 없는 것을 보면 아마도 여름방학이었나 보다. 어린 나이였지만 이 일을 꽤 책임감 있게 했던 것으로 기억한다. 노상 할머니와 함께 사람을 진지하게 찾았다. 허나 안타깝게도 할머니가 찾는 이름은 끝내 방송에 나오지 않았다.

세월이 흘러 중학교 3학년 여름방학이 되었다. 할머니가 갑자기 돌아가셨다. 요즘이야 100세 시대니까 여든 나이에 상은 조금 이른 감이 있다 하겠지만, 당시에 문상 온 사람들은 하나같이 입을 모아 돌아가신 할머니를 두고 호상이라 했다. 그리고 그날 손님들의 입을 통해 뜻밖의 사실을 하나 알게 되었다. 바로 할머니가 살아생전 당신 아들이 이미 죽었다는 걸 알고 계셨다는 사실이었다. 어르신들 말씀이, 한 고향에서 같이 끌려갔던 사람들 다수의 입을 통해 외삼촌이 북으로 가던 중에 휴전선 인근 야산에서 총살당해 암매장되었다는 이야기를 수도 없이 전해 들었다고 했다.

어린 마음에 꽤 혼란스러웠다. '어째서 할머니가 그간 나를 철저하게 속였을까' 하는 생각이 가장 먼저 들었기 때문이다. 어른들의 입으로 듣는 이야기는 내 기억과 완벽하게 달랐다. 할머니는 단 한순간도 외삼촌이 죽었다고 말한 적이 없었고, 늘 확신에 가득 차 있었다. 단지 휴전선으로 남북이 갈려 만나지 못하고 있다고 했다. 입버릇처럼 통일이 되면 만날 수 있다고 했다.

할머니가 그러는데, 외삼촌은 말수도 적고 숫기도 없지만 심성이 무척 고왔다고 한다. 어려서 죽은 자식 둘 빼고 당신이 키운 자식이 총 여섯인데, 그 가운데 큰 외삼촌이 최고로 착하다고 했다. 다만 키는 좀 작다고 했다. 인민군들이 짚으로 동네 사람들을 한데 묶어 끌고 가는 모습이 마치 어린애 하나 잘못 끼어 따라가는 것 같았다고 했다. 또 노상 할머니는 외삼촌의 나이를 헤아렸다. 그때마다 나도 할머니 옆에서

같이 외삼촌의 나이를 셌다. 당시에 이런 할머니에게 배신감을 크게 느꼈다. 어찌되었든 할머니는 오랜 세월 나를 완벽하게 속였으니까.

그 후로 이 일을 까맣게 잊고 살았다. 한데 뜻밖에도 그때 할머니의 마음을 이한열 어머니 이야기를 듣다가 비로소 이해하게 되었다. 방송 중에 어머니께서 이렇게 말했기 때문이다.

"27일간 병원 중환자실에 있었던 아들을 망월동에 묻고 와서도 한참을 밤에 불을 켜고 살았어요. 누가 우리 한열이 흙으로라도 빚어서 안 던져주나 싶어 가지고요."

이 이야기를 듣는데, 순간 심장이 쿵 하고 내려앉는 것 같았다. 당신 손으로 자식을 땅에 묻고 와서도 도저히 믿어지지가 않는다는데, 살아생전 죽은 아들 마지막 얼굴 한 번 못 본 우리 할머니는 어떤 심정이었을까 싶어서. 믿어지지 않았겠지.

그 후 예은 아버지가 물었다.

"어머니, 시간이 지나면 좀 괜찮아지나요?"

그러자 이한열 어머니가 대답했다.

"아니오. 시간 지난다고 안 괜찮아집니다. 지금도 어제 일 같은데요, 뭐."

그 이야기를 들으며 나도 고개를 두어 번 끄덕였다. 나 또

한 그 사고가 마치 엊그제 일 같으니까.

이후로도 이한열 어머니가 하신 이야기가 그렇게 잊혀지지 않았다.

"대통령 하나 바뀌었다고, 세상 안 바뀝니다. 저희도 당시 김대중 대통령 되었을 때 '아, 이제 끝났구나' 했어요. 아니에요. 아니잖아요."

그 이야기를 들으며 '에이, 설마' 하고 중얼거렸는데 지나고 보니 그 말씀이 맞다. 대통령 하나 바뀐다고 되는 일이 아니었다. 지금 이 순간에도 그 역사는 뼈아프게 반복되고 있으니까.

이 팟캐스트 방송의 또 다른 에피소드에서 공주사대부고에 다니던 고 이병학 학생을 태안 해병대 캠프에서 잃은 부모께서는 이런 말씀을 다 하셨다.

"그래도 세월호는 같이 희생된 사람이라도 많아서 낫지요. 우리는 다섯이라 사회의 관심을 더 못 받습니다."

예은 아버지가 "그 무슨 해괴한 소리냐"고 펄쩍 뛰었다. 병학 어머니는 "아니, 진짜예요. 저희가 청와대 앞에서 피켓 시위를 하니까 그 어머니부대인가 어버이부대인가 하는 사람들이 저희한테 막 삿대질을 하면서 '꼴랑 애들 다섯 죽은 거 가지고 이 야단이냐'고 했어요" 말씀했다. 그러자 예은 아버지가 "세상에 자식이 죽었는데 숫자가 뭐가 그렇게 중요합니까"라고 불같이 화를 내셨다. 이쯤 되니 어버이부대 분들의 심장이 과연 제자리에 온전히 있기는 할까 하는 의심까지 들었다.

사실 나는 병학 어머니 입에서 이런 이야기를 듣기 전까지, 세상에 모든 위선자를 증오했다. 선한 얼굴을 하고 뒤돌아서서는 못된 짓들을 하는 그들이 역겨웠다. 하지만 이제 아니다. 노골적인 무례함보다 차라리 위선이 낫다. 그러니 부탁한다. 앞으로는 가족을 잃고 슬퍼하는 이들 앞에서 거짓이어도 좋으니 위선이라도 보여주시기를. 이쪽에서도 적당히 '그런가 보다' 하고 기꺼이 이해해드릴 테니 말이다. 방송을 듣는 내내, 병학 학생의 부모를 포함해 자식을 먼저 보낸 이들이 허공에 대고 아이들 이름을 부르는 소리가 그렇게 사무칠 수 없었다.

사회적 참사뿐 아니라 우리 사회의 모든 비극은 그 일에 연관된 사람들 다수의 유기적인 공조로 발생한다. 사고가 생기려면 누군가는 침묵해야 하고, 누군가는 보고도 못 본 척해야 하고, 누군가는 책임을 미루어야 하고, 누군가는 다른 사람이 해결해주리라 믿고 방관해야 한다. 그래야 결국 일이 터진다. 그러니 이 많은 사람들 중 한 사람이라도 용기를 내어 그 일을 앞장서서 해결해야 한다. 그래야 더는 그런 끔찍한 뉴스를 덜 보고 살 수 있으니까.

그러니 이러한 역사를 반복하지 않기 위해서는, 우리 서로 머리카락 한 올 만큼이라도 이웃의 일에 관심을 가져야 한다. 말해 무엇 할까. 동시대를 사는 우리 모두는 운명공동체다. 그 사실을 나를 포함한 대한민국 국민 모두가 잊지 않았으면 좋겠다.

계속 쓰고 말하기로 했다

우연히 친한 수녀님들을 광화문에서 마주쳤다. 수녀님들은 세월호 집회 참석 때문에 여주 수도원에서 광화문에 오셨고, 마침 나는 광화문 교보문고에 가던 길이었다. 우리는 반가운 마음에 가까운 곳으로 자리를 옮겨 함께 커피를 마셨다. 그날 수녀님 가운데 한 분이 내게 노란색 세월호 배지와 제주 4.3을 상징하는 빨간색 동백꽃 배지를 건네주셨다. 그때까지만 해도 수녀님들은 내가 삼풍 사고 생존자라는 사실을 모르셨다.

당시는 딴지일보 사이트에 〈세월호가 지겹다는 당신에게 삼풍 생존자가 말한다〉라는 글을 쓰기 바로 전이었다. 그 글은 2014년 4월 이후 계속했던 생각이고, 말하고픈 바가 명확했기에 한 번도 쉬지 않고 단숨에 썼다. 그 글에 생각보다 많은 분들이 관심을 가져주었다. 다른 커뮤니티로 옮겨도 되냐는 누군가의 물음에 "그러라고 쓴 글"이라 답변했다. 정작 나는 그 일을 잊었다. 나도 모르는 사이에 글은 인터넷상에서 놀라울 정도로 빠르게 확산되었다. 정작 문제는 그다음부터였다. 글이 이슈가 되자 이른바 극우 세력이라는 사람들이 페이스북에서 내 글로 나를 조롱하고 또 공개적으로 내게 고소하겠다고 협박하더니, 결국 SNS까지 찾아내 삼풍 사고 생존자임을 밝히라는 등의 악플을 달았다. 그 덕에 어쩔 수 없이 그 글을 쓴 게 나라고 밝히고 세상 밖으로 나와야 했다. 다시 한 번 내 일상은 통째로 흔들렸다.

고소니 경찰서니 하는 말에 놀란 나는 몇 날 며칠을 혼자 앓다가, 문득 광화문에서 만난 수녀님들을 떠올렸고, 여주에 전화해 그간의 사정을 이야기하고 도움을 청했다. 그러자 수녀님께서 말씀하셨다.

"잘못한 거 없어요. 겁낼 것 없어요. 우리가 끝까지 곁에 있어줄 테니까 두려워 마세요."

그 후로 며칠 뒤, 수녀님 가운데 한 분은 내가 사는 곳까지 직접 걸음하시더니 이렇게 말해주셨다.

"그 글 읽고 우리 수녀님들 참 많이 울었어. 우리 곁에 이렇게 아픈 사람이 있었는데 우리는 그것도 몰랐다."

그간 참았던 눈물을 터트리는 내게 수녀님은 이어 말했다.

"그간 얼마나 아팠을까. 많이 아팠지? 글을 읽는 내가 다 가슴이 아프던데 쓴 사람은 오죽해."

우리는 그날 처음으로 속 깊은 이야기를 나누었다.

그 일을 계기로 〈저는 삼풍백화점 생존자입니다〉라는 칼럼을 정식으로 연재했다. 딴지일보의 연재 제의를 받아들이며 편집장에게 이렇게 말했다.

"한 사람이라도 제 글에 위로를 받을 수 있다면, 피를 내서라도 써야지요."

진심이었으며, 진심이다. 나는 그 일에 대해 말할 수 있으므로 써야겠다고 생각했다. 글 쓰는 내내 많은 사람이 물었다. 글을 쓰는 과정에서 치유가 되었냐고. 글쎄, 모르겠다. 이 질문은 늘 어렵다. 앞서 언급했듯이, 치유라기에는 글 쓰는 과정이 너무 고통스러웠다. '이만큼 세월이 흘렀으니 괜찮겠지' 하고 시작했는데 대단한 착각이었다. 잊고 살 때는 몰랐는데, 기억하려 드니 그날의 기억이 전부 어제 일처럼 생생하게 떠올랐다. 덥고 습하던 날씨, 사고 직후의 먼지 내음과 피비린내, 매캐한 연기까지. 나는 여태 무엇 하나 제대로 잊은 게 없었다. 그제야 깨달았다. 어떤 종류의 상처는 평생 아물지 않을 수도 있다는 사실을. 그럼에도 그 글 덕분에 많은 사람들의 진심 어린 위로와 선의를 느꼈으니, 그 일에 대해 여전히 좋았다 나빴다 말하기 어려운 것 같다.

글을 쓰던 당시에 나는 이 일 말고도 개인적으로 몹시 힘든 시기를 보냈다. 해서 수없이 많은 날, '내 몸 하나도 간수하지 못하면서 어쩌자고 글까지 쓴다고 했나' 후회하고 또 후회했다. 기어이 지칠 대로 지쳐 지난여름 여주로 달려가 수녀님께 말했다.

"수녀님이 말릴 때 하지 말 것을 그랬어요. 너무 힘들어요."

수녀님께서 내 손을 꼭 잡고 이렇게 말씀하셨다.

"아무리 옳은 일이라도 힘들면 하지 마세요. 그건 하느님이 원하지 않는 거야. 지금이라도 하지 말아요."

"사실 저는요, 처음에 그 글을 세월호 엄마들 보라고 썼거든요. '여기 그렇게 생각하지 않는 사람 있다.' 그 말을 하려고요."

그러자 수녀님께서 대답하셨다.

"그 글 세월호 엄마들 다 보았어. 우리 수녀님께서 안산에 계신 수녀님께 그 글 보내드렸어. 함께 많이 우셨다고 하더라고. 그러니까 괜찮아. 힘들면 그만둬."

그 말을 듣는데 어쩐지 기분이 이상했다. 그렇게 며칠간 여주에서 마음을 추스른 뒤에 다시 서울에 와, 전보다 단단해진 마음으로 책상 앞에 앉아 연재 글을 마저 쓸 수 있었다.

그러는 동안 뉴스를 통해 동거차도와 광화문에 있던 세월호 막사가 철거되었다는 소식을 접했다. 그 소식을 들으며 유가족 분들이 이제라도 한뎃잠 주무시지 않아서 다행이다 싶었지만, 아직 돌아오지 않은 가족을 기다리는 분들의 마음은 어떨까 헤아려보니, 감히 나는 짐작도 하지 못하겠다.

얼마 전 우연히 한 학생이 인터뷰를 요청해왔다. 학생의 질문이 인상적이었다.

"사람들이 왜 그럴까요? 왜 아이들을 잃은 부모에게 그렇게 못되게 굴까요?"

나는 말했다. 대부분의 사람들은 자신의 행동이 어떤 결과를 일으킬지 잘 모른다고. 모르면 그럴 수 있다고. 나도 그러했고, 당신도 그렇고, 우리 모두 그럴 수 있다고. 반대로 알면 그럴 수 없다고. 그러니까 알아야 한다고. 그 말을 하며 나는 속으로 또 한 번 다짐했다.

'아, 계속 말해야겠다. 이게 어떤 슬픔이고 고통인지 사람들이 알 때까지 내가 자꾸자꾸 말하고 다녀야겠다.'

해서 다시 한 번 이 자리를 빌려 말하고 싶다. 그 일에 대해

"지겹다. 그만하자" 할 수 있는 사람들은 나도 당신들도 아니고 사고를 겪은 당사자들이라고.

　또 감히 유가족 분들에게 이런 말도 건네고 싶다. 더는 죄인처럼 살지 마시라고. 당신들의 잘못이 아니라고. 당신들은 가해자가 아니라 피해자라고. 그러니 남들처럼 소리 내어 웃기도 하고, 술도 한잔하고 노래방도 가시라고. 더 큰 죄를 짓고도 잘들 사는데 자식 앞세운 게 무슨 죄라고 소리 내어 웃지도 못하냐고. 지금보다 더 크게 웃고 더 크게 말하라고. '자식새끼 목숨 값으로 받은 보상금으로 속 편하게 산다'는 소리 들으시라고. 뭐 어떠냐고. 그런 말하는 사람들이 당신들 마음 알아주기나 할 것 같으냐고. 그러니 '세상아, 나를 좀 봐라. 살아남았으니 이렇게 산다' 하고 외치시라고. 나 역시 그럴 테니 당신들도 그러시라고. 그렇게 하나씩 하나씩 억지로라도 우리 그 기억에서 자유로워지자고. 그렇게 부탁하고 싶다.

살아남은 자에게 주어진 소명

나는 살아남았다. 실종자가 6명, 사망자가 502명, 부상자가 937명인 이 놀라운 확률 게임에서 살아남았다. 그것도 간발의 차이로 무너진 동에서 무너지지 않은 동으로 이동하며 간신히 살아남았다. 가끔 이 일을 두고 사람들이 '그때 기분이 어떠했냐'고 물어온다. 솔직히 말해, 책이나 영화에서처럼 다시 태어난 것 같은 심정이고, 제2의 인생을 사는 기분이고 그렇지는 않다. '아, 나는 살았구나. 근데 왜 살았을까' 정도의 의문만 남아 있을 뿐이다. 하지만 이 사고 이후 지나간 일에 크게 연연하지 않는 사람이 된 것만은 확실하다. 죽음 근처에 다녀온 후에는 항상 살아 있는 오늘이 중요하지, 어제를 돌아보는 시간이 아깝다고 생각한다. 주변 사람들에게도 늘 말한다. 과거를 살지 말고, 내일을 기다리며, 오늘을 살라고.

말이 쉽지, 악령 같은 과거를 끊어버리는 게 어디 쉬운 일인가. 계속해서 노력하며 살 뿐이다. 나 역시 그렇다. 지난날을 돌아보면 후회가 많다. 그중에 가장 아쉬운 점은, 사고 직후 빨리 일상으로 복귀하지 않은 것이다. 그래, 그까짓 돈은 없으면 벌면 된다. 나 싫다는 사람은 평생 안 보고 살면 된다. 회사 또한 여차하면 그만두면 된다. 하지만 그때 그 시절 내 마음에 드리워진 우울의 그림자는 지난 세월 나를 지독히도 괴롭혔고 차마 어떻게 해도 끊어내지 못했다. 그뿐인가. 아마 특별한 일이 생기지 않는 한 그 시절의 우울은 쳐내고 쳐내도 한평생 내 삶에 엉겨 붙을 텐데.

당시에는 몰랐는데, 전문가의 도움 없이 오랜 시간 고립을 자처한 일은 대단히 위험한 발상이었다. 그간 트라우마 치료 과정에서 만난 많은 상담가와 의사 역시 하나같이, 그때 내가 일상으로 빨리 돌아가지 못했던 일을 안타까워했다. 다들 입을 모아 '불행한 일을 겪으면 그 불행이 나를 집어삼키기 전에 일상으로 돌아가 바쁘게 사는 게 맞다'고 했다. 해 뜨면 무조건 밖으로 나가 사람들과 어울리는 게 좋다고도 했다. 그러다 보면 자연스럽게 다른 사람들과 이런저런 이야기도 하게 되고, 그런 일들이 반복되면 그 과정에서 나도 모르게 치유가 일어난다고 한다. 애석하게도 나는 그러지 못했다.

어느덧 이 꼭지가 마지막이다. 고작 이만큼 쓰는데 장장 2년의 세월을 쏟아부었다. 많은 날 썼다가 지우기를 반복했다. 그렇게 고군분투해도 고작 보름에 한두 장 쓸까 말까 했다. 몰랐다. 슬픔이라는 감정은 초겨울 새벽 강가에 가볍게 맺히는 살얼음 같아서, 조심해서 다루지 않으면 글로 옮겨오기도 전에 산산이 부서져버리고 만다는 사실을.

이와 별개로 이 작업을 하며 그간 조금 특이한 일을 겪었다. 바로 내 글을 먼저 읽고 나를 만나는 사람들이 하나같이 대화 도중에 속 깊은 상처를 드러내며 눈물을 흘렸다는 것이다. 처음에는 그들의 눈물에 당황했다. 대체 어떤 반응을 보여주어야 할지 몰랐기 때문이다. 처음 한두 번은 '그래, 아무 데서나 이렇게 울 정도로 많이 힘든가 보다' 했는데, 그 후로도 지금까지 이런 일이 계속 반복되자 오히려 이 상황이 난감했다.

물론 그들의 심정을 아주 모르는 것도 아니다. 전에 나 역시 한동안 폐쇄 정신과에 입원했다가 퇴원했다던 한 작가의 책을 보다가 그에게 무작정 내 심정을 적은 이메일을 보낸 적 있다. '나는 이렇게 아픈데 당신은 어떻게 아팠냐. 이런 이야기해주어 고맙다.' 물론 그에게로부터 답장받지 못했다. 상관없었다. 그저 내 마음을 알 것만 같은 사람에게 내 이야기를 하고 싶었을 뿐이다. 그래서 생각했다. 어쩌면 우리 모두 다 같은 심정이 아닐까. 그때의 나처럼 그들 역시 내 앞에서 그저 자기 이야기를 하고 싶었던 게 아닐까. 해서 가끔 오는 독자들의 이메일에 답장하려고 몇 날 며칠 고민하다가 기어이 시기를 놓치고는 한다. 변명 같지만, 그들의 고통을 이메일 한 통 읽고 '나도 안다'고 말하는 게 어쩐지 주제넘는 것 같아서 그랬다.

평소에 잘 따르는 할머니 수녀님을 밖에 모시고 나가 식사를 하며 그간 말씀드리지 못한 내 이야기를 했다. 나와 친한 다른 수녀님들은 이미 SNS에 연재한 글들을 보고 계셨기에 내 상황을 어느 정도 파악하셨다. 반면에 할머니 수녀님은 노상 아가들 챙기고 기도하느라 바쁘신 데다, 결정적으로 전기 아깝다고 휴대전화를 잘 사용하지 않으시기에 내가 어떤 말을 어떻게 하고 다니는지 잘 모르신다. 어느 날 곰곰이 생각해보니 이제 이 원고는 곧 출판사로 넘어갈 테고, 별 다른 문제가 없다면 한데 묶여 책으로 나올 텐데, 그때 가서 당신께서 다른 사람을 통해 저간의 내 사정을 아시는 것보다는, 차라리 내가 먼저 말씀드리는 게 낫겠다 싶었다. 숫제 아주 날을 잡아서 "수녀님, 사실 저한테 그간 이만저만한 일이 있었습니다"라고 말씀드린 것이다. 그러자 수녀님께서 생각보다 덤덤한 얼굴로 고개를 끄덕이시더니 "많이 힘들었겠네" 하며 간단하게 대꾸해주셨다.

그 순간 갑자기 눈가에 눈물이 왈칵 맺혔다. 애써 눈물을 참으며 고개를 숙이고 얼른 밥을 목구멍에 꾸역꾸역 밀어 넣었다. 잠시 후 수녀님이 말씀했다.

"그때 소리에 크게 놀랐나 보지?"

그렇다고 대답했다. 그 후로 어쩐지 계속 불안하고 초조해서 쉽게 잠들지 못한다고, 약을 먹지 않으면 낮에도 손이 떨리고 도무지 집중하기 어렵다고. 그러자 수녀님께서 이해할 수 있을 것 같다고 하셨다. 일반적인 사람들도 별것 아닌 일에 놀라도 한평생 고생하는데 건물 하나가 무너질 정도로 큰 소리가 났으면 얼마나 놀랐겠냐고.

이때 깨달았다. '나 역시 우리 수녀님처럼 앞으로 내 앞에서 우는 사람이 있으면 그 마음을 그냥 알아주기만 해도 되겠구나. 이렇다 저렇다 긴말할 것 없이, 그냥 이렇게 마음으로 들어주고 공감해주면 되겠구나.' 물론 수녀님과 정반대로 우리 정신과 선생님은 내가 남의 이야기를 들어주고 다니는 것을 굉장히 싫어하신다. '본인도 아프면서 왜 힘들게 남

이야기 듣고 다니느냐. 그 사람들을 차라리 가까운 정신과에 보내라. 아니면 나처럼 돈을 받고 들어주어라. 그리고 그 사람들 이야기를 들어주는 게 결과적으로 그들에게 좋지 않은 영향을 줄 수도 있다. 어찌 보면 치료가 시급한 환자들에게 응급처치를 해주고 있는 것일 수도 있다.' 이 또한 맞는 말이라고 생각한다. 어쩌면 나는 앞으로 사는 동안 내내 '사람들 힘든 이야기 많이 들어주어라. 요즘 세상에는 그게 필요하다' 하시는 수녀님 말씀과 '언제나 자신의 상태부터 먼저 돌보라'는 정신과 선생의 조언 사이를 적절히 오가며 살아야 할 것이다.

글을 쓰는 동안 청주에 계신 엄마를 자주 떠올렸다. 올해 일흔을 훌쩍 넘긴 우리 엄마는 광주의 진실을 훗날 소설과 영화로 알게 되었다. 전에 엄마가 한강 작가의《소년이 온다》라는 책을 보시고는 예전에 광주 엄마들이 서울에 소복 입고 올라와 시위할 때 아무것도 모르고, '광주서 죽은 사람들을 서울서 어쩌라고 저러느냐'고 혀를 찼던 일이 너무 미안하다고 했다. 그러면서 "아니, 기자나 아나운서라면 그래도 배울 만큼 배운 사람들일 텐데, 왜 뉴스에 나와서 거짓말을 했을까. 그때 서울서는 광주 엄마들 다 빨갱이들한테 돈 받고 시위만 하는 사람들이라고 했지, 아무도 사실대로 말해주지 않았어."

그 말을 듣고 더 이를 악물고 썼다. 여전히 이 땅의 미디어는 진실을 왜곡하고 있으니까. 또 왜곡된 정보들을 어쩔 수 없이 받아 보는 이들을 위해, 이건 그렇게 간단한 문제가 아니라는 말을 하고 싶어서. 나는 살아남았으니까, 살아남았다는 이유만으로 뭐라도 해야 하니까.

앞으로의 계획은, 글쎄. 나도 잘 모르겠다. 그저 되도록 사는 동안 내내 사회적 약자 혹은 또 다른 사회적 참사 희생자의 이야기를 많이 쓰고 말할 생각이다. 이제 와 생각해보면 이 일이 내게 주어진 소명이라는 생각이 든다.

마지막으로 끝까지 함께 읽어주신 독자 여러분께 깊은 감사의 인사를 올리고 싶다. 안팎으로 하 수상한 시절들이 계속되고 있지만, 가슴에는 찬바람 일지 않게 옷깃 단단히 여미고 사시길 바란다.

그럼에도 불구하고

2017년 여름 견진성사를 받을 때 속으로 이런 기도를 했다.

"주님, 저를 평화의 도구로 써주십시오."

그 후 2018년 봄에 바로 나는 주님의 펜으로 쓰였다. 해서 농담조로 늘 말한다. 그때 기도를 구체적으로 할 걸 그랬다고.

"주님, 저를 평화의 도구로 쓰시되, 제가 준비되었다고 하면 그때 써주십시오. 제발 깎지 말고 지금 이대로의 모습으로 써주십시오."

그렇다. 그 후 인생이 너무나 갑작스럽게 요동쳤다. 딴지일 보에 쓴 게시 글 하나로, 초등학교 때 친구들이 부르던 별명 으로 지은 허접한 닉네임이 각종 언론에 도배되고 이어서 딴지일보에 정식으로 기사 연재도 했다.

그 후에는 이른바 노는 물이 완전히 바뀌었다. 마치 내가 물고기라면 전에는 사육사가 먹이를 주는 안락하고 풍요로운 수족관 탱크 안에 살았다면, 이제는 태평양 한가운데에 예고 없이 방사를 당한 기분이다. 용기를 내 주변을 돌아보면 나 같은 피라미와는 비교도 되지 않는 멋지고 커다란 혹등고래들이 돌아다니고 있는 곳. 상황이 이러니 매일 밤 한껏 움츠러들어 누가 내 글을 읽어주기나 할까 하는 걱정을 한다.

그때마다 떠올리는 사람들이 있다. 사랑하는 나의 채권자들. 이건영 모친 조은정 님 이하 많은 채권자들. 이분들의 대가를 바라지 않는 선의를 떠올린다. 그래서 나는 진심으로 이들이 지금보다 잘되기를 바란다. 앞으로도 나는 아쉬운 소리를 종종 할 것 같으니까.

글을 마무리하고 보니 내게 처음 연재 글을 써보라고 권유했던 딴지일보 일명 '죽지 않는 돌고래' 김창규 편집장이 그 누구보다 먼저 떠오른다. 그가 아니었다면 아마 내 조각나고 구겨진 말들은 세상에 나오지 못했으리라. 그가 능숙한 솜씨로 진흙더미 같은 내 원고에서 구슬들을 잘 골라 엮어주었기에 결국 글이 되어 세상에 나올 수 있었으니까. 평소 창작자의 부푼 꿈을 현실적인 언어로 박살내는 그의 인성에는 여전히 불만이 많지만, 독립운동가의 후손답게 세상에 많고 많은 잘난 놈들 다 제쳐두고 언제나 힘없고 돈 없는 약자의 편에 꿋꿋하게 서 있는 모습은 종종 코끝 찡한 감동을 느낀다.

또한 정작 글을 얼추 다 써놓은 채로 '이런 일로 세상에 나가고 싶지 않다'고 여러 출판사의 출간제의를 고사하던 내게 사회적 참사의 재발을 방지하기 위해서는 당사자의 증언이 왜 필요한지, 진심으로 나를 설득했던 도서출판 푸른숲의 이지은 편집자, 그리고 책이 나올 때까지 애써주신 모든 푸른숲 관계자들에게도 깊은 감사의 인사를 드리고 싶다.

10년 넘게 병을 돌보아주신 맑은세상정신과 여운태 원장님. 선생님에게 정신적으로뿐 아니라 물질적으로도 많은 도움을 받았다. 환자로서, 사회적 약자로서 감사 이상의 감사 인사를 드리고 싶다.

전 직장 상사 분들을 빼면 서운하다. 계약직 사원으로 입사한 나를 오로지 실력으로 평가하고, 대졸 공채자들과 동등한 기회와 역할을 주고, 승진마저 제때 따박따박 시켜주신 은혜를 어찌 잊으랴. 엉망진창인 몸과 마음 때문에 들쑥날쑥하던 근태에도 항상 몸이 먼저라고 배려해주시던 그 마음, 나는 감히 상상도 못 하겠다.

또 회사에서 사고 치고 힘들다는 내 소식 듣고는 도와줄수 있는 게 없다며 호프집에 모여 앉아 주룩주룩 울기만 했다던 못난이 내 동생들, 의리에 죽고 사는 우리 황소곱창 깡패 식구들. 아마 이렇게 좋은 이들과 동행했기에 시집살이보다 매섭다는 조직생활을 한 직장에서 20년이나 무탈하게 할수 있지 않았을까.

그리고 이 글의 처음부터 끝까지 함께하며 매일같이 내 원망과 저주와 눈물과 감사를 아무 말 없이 받아주신 나의 하느님, 또 언제나 기도로 함께해주신 파티마의 성모 프란치스코 수도회 수녀님들, 특별히 돌아가신 바오로 수녀님의 영전에도 이 글을 따로 바치고 싶다. 이교도인 나를 예배당으로 이끈 나의 천사들, 얼어붙은 마음에 사랑을 알려준 고마운 꼬마 녀석들, 누구보다 이 녀석들에게 깊은 애정과 감사를 표하고 싶다.

요즘에는 우리 인생이 길고 긴 순례의 여정과 닮아 있다는 생각을 많이 한다. 저마다 피와 땀으로 얼룩진 속옷을 입고 걷는 고행의 길, 이제 나는 내 속옷이 세상에서 제일 더럽다고 생각하지 않는다. 우리 모두 서로 말하지 않아서 그렇지, 누구나 피고름 맺힌 속옷을 입고 이 생을 버티고 있는 것을 알기 때문이다. 해서 내내 이 글이 그들의 순례 길에 도움이 되기를 바라는 마음으로 썼다. 그러니 다들 남은 시간 용기 내어 씩씩하게 나와 함께 걸어주셨으면 좋겠다.

그리고 나의 지긋지긋한 혈육들, 특별히 한평생 종종걸음으로 힘든 인생을 견뎌낸 나의 엄마 유재숙 여사께도 깊은 감사 인사를 드린다. 특히 조카 이상혁과 이서진은 지금과 같은 마음으로 고모를 항상 존경하길 바라고.

마지막으로 이 땅의 모든 사회적 참사 희생자와 유가족에게도 깊은 위로의 말씀을 전한다. 생의 마지막 순간까지 당신들의 슬픔을 잊지 않겠다.

2021년 6월
산만언니

삼풍백화점 참사의 기록

1995년 6월 29일 그날, 무슨 일이 일어났던 것일까

1995년 6월 29일, 서울 서초구 서초4동 1675-3번지에 위치해 있던 삼풍백화점의 북측 건물(A동)이 붕괴되었다. 삼풍백화점은 북측 건물과 남측 건물로 나뉘어 있었으며 두 건물은 중앙홀로 연결된 구조였다. A동은 지상 5층부터 지하 4층까지 이루어져 있었는데, 옥상 콘크리트 슬래브(콘크리트 바닥이나 양옥 지붕처럼, 콘크리트를 부어서 한 장의 판처럼 만든 구조물)가 무너지면서 건물이 왼쪽으로 기울었고, 불과 20초 만에 옥상부터 지하층까지 연쇄적으로 붕괴되었다. 이 사고로 인해 사망자 502명, 부상자 937명, 실종자 6명의 인명피해가 발생되었다. 이는 한국전쟁 이후 최대의 인명 피해 기록이다.

비리로 점철된, '명품백화점'의 이면

삼풍백화점은 불과 준공 6년 만에 무너졌다. 이는 단순한 사고가 아닌 부실시공, 불법 증축, 재난관리 미비, 안전 불감증, 각종 비리, 조직적인 구조체계 미비 등의 집합으로 이루어진 명백한 인재였다.

백화점 터는 강남 한복판 아파트 단지 사이에 위치한 땅이다. 이준 회장은 보안사 준위 출신으로, 1960년대 박정희 정부의 중앙정보부에서 김종필 부하로 일한 전력이 있다. 이 연줄을 바탕으로 투기와 개발을 감행해 큰 부자가 된 그는 강남의 노른자 터를 손에 넣었고, 임의로 도시계획을 바꾸는 권력을 보여주었다. 이처럼 삼풍백화점 참사는 군부독재가 낳은 부산물이라고 볼 수 있다.

또 건축주와 시공사, 관리감독을 해야 하는 공무원의 유착이 백화점 붕괴를 유발했다. 삼풍백화점은 종합상가로 준공허가를 받았다가 백화점으로 용도 변경했고, 건물이 준공검사를 받기도 전에 백화점부터 개장했다. 1989년부터 1년 동안 세 차례나 무단으로 설계를 변경했고, 사전승인 없이 내부를 300여 평(약 991제곱미터)이나 넓혔다. 또한 쇼핑 공간을 늘

리기 위해 기둥을 줄이고 옥상에 무거운 냉각탑을 얹었는데, 이 무게가 건물에 무리를 주어 붕괴를 유발했다. 5층 외벽 기둥이 4층과 맞물리지 않은 채 설치되어 있기도 했고, 심지어 5층 외벽은 철근 없이 콘크리트로만 시공되었다. 이렇게 할 수 있던 이유는 백화점 경영진들에게서 뇌물을 받은 서초구청 공무원들이 눈감아준 덕분이었다. 조사 결과, 승인을 내준 서초구청 공무원들은 네 차례에 걸쳐 6,050만 원의 뇌물을 받은 것으로 드러났다.

경영진의 안전 불감증도 피해를 늘인 원인 가운데 하나였다. 건물이 무너지기 전부터 여러 붕괴 징후가 있었으나 백화점 측은 경영 손해를 이유로 이를 묵인했다. 백화점 경영진들은 사고 당일 아침 건물 5층 식당가에 균열이 생기고 천장이 내려앉았으며, 4층 바닥의 일부는 침하 현상이 일어났음을 보고받았다. 전문가로부터 붕괴 위험이 있다는 경고도 받았고 직접 그 현장도 목격했다. 그럼에도 4·5층만 폐쇄하고 소음을 줄이기 위해 에어컨 가동을 중단시키는 등 소극적인 대처에만 몰두하며 백화점 운영을 강행했다.

삼풍백화점 참사 이후 이야기

이준 회장은 업무상 과실치사, 업무상 과실치상, 뇌물 공여,

업무상 횡령 등의 혐의로 재판에 넘겨졌지만 고작 7년 6개월 형을 받았다. 그의 아들 이한상 사장에게는 징역 7년형이, 뇌물을 받고 백화점 설계를 승인해준 이충우, 황철민 전 서초구청장은 10개월 형을 선고받았다. 수백 명이 피해를 입은 대참사에 비해 처벌이 솜방망이 수준이라는 비난이 일었다.

도심 백화점 붕괴라는 대참사를 계기로 재난 관련 제도가 체계화되고, 1995년 7월 18일 '재난관리법'이 제정되었다. 또 1995년 12월 건축법, 건설업법, 건설기술관리법 등이 개정되고 건설감리협회가 만들어지는 등 공공시설물의 관리감독 체계에도 일대 전환점을 이루었다. 수백 명의 희생으로 생겨난 제도이지만, 그럼에도 참사는 여전히 일어나고 있다.

1998년, 삼풍 참사를 기리기 위한 위령탑은 사고가 일어난 장소가 아닌 서울 양재동 시민의숲에 만들어졌다. 참사가 일어난 장소임이 알려지면 땅값이 떨어진다는 한 지방자치단체의 반발 때문이었다고 한다. 사고가 일어난 삼풍백화점 터에는 2004년 고급 주상복합 아파트가 세워졌다.

비극적인 참사에서 살아남은 자의 사회적 기록

저는 삼풍 생존자입니다

첫판　1쇄 펴낸날　2021년　6월　11일
　　　5쇄 펴낸날　2023년　2월　22일

지은이　산만언니
발행인　김혜경
편집인　김수진
편집기획　김교석 조한나 김단희 유승연 김유진 임지원 곽세라 전하연
디자인　한승연 성윤정
경영지원국　안정숙
마케팅　문창운 백윤진 박희원
회계　임옥희 양여진 김주연

펴낸곳　(주)도서출판 푸른숲
출판등록　2003년 12월 17일 제2003-000032호
주소　경기도 파주시 심학산로 10 3층, 우편번호 10881
전화　031)955-9005(마케팅부), 031)955-9010(편집부)
팩스　031)955-9015(마케팅부), 031)955-9017(편집부)

홈페이지　www.prunsoop.co.kr
페이스북　www.facebook.com/prunsoop　인스타그램　@prunsoop

ⓒ산만언니, 2021
ISBN 979-11-5675-882-2 (03300)